Les histoires qui guérissent

Philippe Deparis

Les histoires qui guérissent

Roman

LE LYS BLEU
ÉDITIONS

ISBN : 979-10-422-1785-3

I

— Maintenant, imaginez-vous sortir de votre corps, tout doucement comme si vous étiez complètement dissocié, prenez le temps de vous détacher, de vous regarder quelques instants.

Fabien laisse passer quelques secondes tout en observant sa cliente qui présente déjà beaucoup de signes hypnotiques, signes qu'il avait plusieurs fois ratifiés[1] en début de séance pour l'aider à partir dans cet état de transe lui permettant de parvenir dans sa zone de travail.

— Regardez-vous, et commencez à vous balader dans la pièce en flottant dans les airs. Évoluez partout puis dirigez-vous vers la fenêtre entrouverte et sentez une brise légère qui vous emporte doucement. Attardez-vous sur les rues du quartier, les enseignes, les passants. Continuez votre ascension et plus vous montez, plus vous sentez cette légèreté qui vous permet d'évoluer dans les airs ; vous pouvez voir maintenant la ville dans son ensemble, en distinguer les monuments, les contours. Prenez le temps d'admirer tout ce que vous apercevez, dirigez-vous vers les nuages, et traversez-les. Je me demande quelle sensation cela procure de traverser les nuages, est-ce plutôt humide ? cotonneux ? Prenez le temps de le découvrir avant de poursuivre votre voyage.

Fabien regarde sa cliente, une femme d'une trentaine d'années qui a tout pour elle visiblement. À aucun moment, on ne pourrait penser qu'au fond d'elle-même la noirceur s'est installée depuis des années. Belle, élégante, apprêtée, cette avocate a de la prestance et dégage une

[1] On énonce les signes apparents pour les amplifier chez le client.

image forte, positive. On l'imagine plaider brillamment devant la Cour pour défendre ses clients. Mais à l'intérieur, il en est autrement.

— Au-dessus des nuages, il y a quelque chose de magnifique que l'on retrouve systématiquement, le soleil.

— Prenez le temps de sentir la chaleur de ses rayons vous caresser le visage et continuez votre montée.

Son visage s'illumine, assise dans le fauteuil en cuir du cabinet de Fabien, Sophie se sent partir de plus en plus profondément, elle sent les dernières résistances en elles s'effacer une à une, comme les obstacles qu'elle saute à cheval.

— Plus vous montez et plus vous commencez à voir les étoiles se dessiner jusqu'à arriver à la limite du ciel et de l'espace pour passer en… apesanteur.

— Cette sensation différente de votre balade qui vous permet de vous mouvoir doucement sans l'aide du vent.

— Prenez le temps de vous imprégner de cette sensation tellement particulière, tellement merveilleuse.

— Avant de repartir pour effectuer le chemin inverse.

La séance poursuit son cours, Fabien qui se trouve à proximité de sa cliente est parfaitement synchronisé avec elle. À l'écoute des moindres mouvements de son corps, indices de sa progression dans la transe vers son inconscient. Cette séance est importante, comme toutes les autres bien sûr, mais aujourd'hui, il travaille sur la phase finale pour atteindre l'objectif de Sophie. Un deuil sentimental qui l'a brisée il y a maintenant trois ans, une relation de quinze ans, terminée, émiettée par et pour une autre. Au-delà de la tromperie, il l'avait quittée pour se marier quelques mois plus tard et fonder une famille dans la continuité. Tout ce qu'il lui avait refusé depuis des années. Elle avait ressenti cette perfidie également comme une forme d'insulte à son intelligence ; il l'avait ouvertement prise pour une idiote, la renvoyant à son enfance lorsque son père la dévalorisait au bénéfice de son frère, elle qui était pourtant si brillante.

Sophie n'avait pas réussi à passer outre et se reconstruire ; ce jour-là, mardi 14 juin 2016, le sol s'était ouvert sous ses pieds. Elle en était tombée en découvrant par hasard le pot aux roses. Des messages et des photos plus qu'osées postés sur son téléphone. Depuis un certain temps, elle était devenue suspicieuse face au comportement étrange de son partenaire, qui de son côté l'accusait de devenir paranoïaque à dessein. Elle devait arrêter de le comparer à ses clients, lui lançait-il régulièrement. Mais les photos parlaient d'elles-mêmes. La suite est classique. Mais au bout de tant d'années, elle n'avait jamais pu refaire sa vie.

Elle, brillante avocate de bonne famille, constamment sollicitée par la gent masculine, et même féminine, n'arrivait pas à passer le cap.

Sa rencontre avec Fabien tenait du hasard, comme pour beaucoup de ses clients d'ailleurs ; une consœur qui vivait un deuil familial difficile lui avait dûment recommandé d'aller voir un praticien en Hypnose. Fabien avait changé sa vie. Du moins, il l'avait aidée à le faire ; le praticien n'est qu'un guide, il ne prend et n'insuffle aucune décision.

Cependant, l'émergence des ressentis lors des séances génère des prises de conscience à l'origine d'actions, parfois importantes, amenant dans leur sillage un changement de sa vie.

Lorsque Fabien la « ramène » dans un état de conscience, elle ouvre lentement les yeux encore embués de larmes. Elle regarde droit devant elle le mur blanc et les plantes disposées dans le cabinet épuré où se mélangent les styles habilement associés. La séance a été difficile pour Sophie ;cette étape cruciale pour sa vie l'a éprouvée émotionnellement. Le flot de larmes qui l'ont accompagnée une grande partie de la séance a laissé place à un visage plus fort, plus… dur. Un léger rictus débutait sur ses lèvres. Elle était enfin prête à tourner la page pour se consacrer pleinement à son existence.

Comme pour en apprécier la texture, elle agite doucement les doigts sur les accoudoirs du magnifique fauteuil en cuir patiné par les ans ; tout bonnement splendide et confortable.

Fabien demeure silencieux, respectant son lent retour à la réalité… à sa réalité. Elle est vraiment encore plus belle quand elle pleure.

Sophie essuie délicatement les larmes de son visage puis le regarde droit dans les yeux.

— Merci ! Mille fois merci.

Elle prend une profonde inspiration, expire doucement, puis éclate de rire, une main dissimulant sa bouche, comme pour masquer cette émotion qui la submerge.

— Je n'ai plus de poids sur mon ventre, plus rien. Vous me l'avez enlevé, dit-elle en recommençant à pleurer.

— Vous savez, nous en avons déjà parlé. Tout ce qui se passe actuellement en vous n'est autre que le fruit de votre travail, de vos décisions. Je me suis contenté de vous guider Sophie. Ce travail et ces résultats sont les vôtres.

— Oui, vous me l'aviez dit.

Elle le fixe longuement, avant d'essayer, semble-t-il, de lui dire quelque chose, mais se ravise finalement. Un bref silence s'installe dans le cabinet ; Sophie va pouvoir partir sur de nouvelles bases tandis que Fabien gardera la satisfaction d'avoir pu l'aider à changer sa vie. Le résultat, quel qu'en soit le degré, est parfois long à obtenir.

Fabien se lève tranquillement pour la raccompagner à la porte. Sophie le précède pour sortir, elle porte un tailleur noir qui épouse parfaitement ses courbes et se déplace d'une démarche légère et élégante. Ses talons hauts d'une dizaine de centimètres à semelle rouge vif finissent de la rendre encore plus… soyons honnête… désirable. Fabien est toujours resté dans son champ thérapeutique et n'a jamais cédé à la tentation avec ses clientes, par éthique et professionnalisme. Il faut des années pour établir une solide réputation et quelques instants pour la détruire.

Elle se retourne une dernière fois pour lui faire face, ses magnifiques yeux bleus ne présentent plus que quelques traces de rimmel étalé, stigmates de sa peine.

— Je vais tous les matins, seule, dans un café à côté de mon cabinet, le Zimmer. Si jamais l'envie de me revoir vous venait, n'hésitez surtout pas. Je pars quelque temps à l'étranger pour raisons professionnelles, vous verrez mon retour sur le Facebook de mon cabinet.

— Je…

— Vous n'êtes pas obligé de me répondre, mais vous savez où me trouver, au revoir.

Il la regarde une dernière fois en se disant qu'il pourrait se laisser tenter, mais il sait qu'il n'ira jamais la rejoindre. Jamais il ne mélange travail et vie privée.

Comme souvent, Fabien finit son travail en début de soirée ; il est 21 heures, une journée riche en émotions pour ses clients, une journée pleine de prises de conscience, de changements.

Il prend le temps d'éteindre l'ordinateur et de remettre en ordre cette pièce dans laquelle il travaille depuis cinq ans. Située au calme, en rez-de-chaussée d'une courette intérieure, en plein secteur de « Bastille[2] ». La situation géographique est parfaite, son domicile est à quelques encablures près de la porte de Vincennes. En quittant le cabinet, il prend quelques inspirations profondes suivies de lentes expirations par la bouche. C'est son rituel… il lui permet de faire le vide de toutes les émotions de la journée qui s'achève. Ce qui se passe dans le cabinet reste dans le cabinet.

Fabien déambule dans les rues animées du secteur pour rejoindre un des points de stationnement de « velibes[3] », son moyen de transport favori lorsqu'il n'a pas envie de prendre les transports en commun pour effacer les quelques kilomètres qui le séparent de son domicile. Finalement, il ne prend que rarement le métro, essentiellement par temps de pluie. Fabien ne peut s'empêcher de penser à elle, à leurs séances. Depuis le premier jour où elle s'était présentée à son cabinet, il avait su, ils avaient su que quelque chose se passait.

Mais son métier devait être associé à une éthique qu'il avait du mal à outrepasser. Sandra, une de ses copines, lui disait que de toute façon elle ne voyait pas le mal à cela du moment qu'il respectait ses clients et bien sûr le secret professionnel. Il arrive parfois que des

---

[2] Quartier du 11e arrondissement de Paris.
[3] Vélos de location en libre-service.

professionnels de santé aient une relation avec une ancienne patiente… Non ? Tout est faisable bien sûr, mais dans quelle mesure ! Finalement, la question ne se posait pas, mais pour la première fois en cinq ans, il avait eu envie de déroger à cette ligne de conduite.

Plutôt élégant, Fabien prend plaisir à s'apprêter pour recevoir ses clients ou pour sortir. Célibataire depuis des années, il n'a pas de problème pour faire des rencontres ; entre les sites et les « vraies rencontres », ses opportunités sont multiples. Il papillonne depuis longtemps maintenant. À plusieurs reprises, il aurait pu entrevoir une relation stable, mais il n'en éprouvait pas spécialement le désir. Toujours réglo avec ses partenaires, il ne cherchait pas l'âme sœur. Cependant, au fil des années, il commençait à espérer faire la rencontre qui chamboulerait sa vie, trouver la stabilité qui lui fait tellement défaut.

Avant d'être à son compte, il avait eu une autre vie, celle de pompier de Paris, un métier qu'il avait embrassé après son Bac, par vocation, le feu le fascinait depuis qu'il était gamin. Cette passion qui allait finalement s'éteindre par une belle soirée d'été. La page avait été tournée après dix-sept fantastiques années d'une carrière irréprochable. Un choix personnel que beaucoup avaient compris, continuer pour continuer n'avait aucun sens.

Au fil des années, la nostalgie s'estompe, mais il ne peut s'empêcher de frissonner quand il entend la sirène d'un camion qui monte au feu.

Il avait découvert la Sophrologie pour la préparation mentale il y a une dizaine d'années lorsqu'il concourait en triathlon. Au fil du temps, il s'était passionné pour ce métier qui, comme le sien, était axé sur la personne. L'hypnose était arrivée dans sa vie par une de ses amies et ne l'avait plus jamais quitté. Après avoir beaucoup travaillé sur lui-même, en auto-hypnose, il en avait fait bénéficier ses collègues qui étaient demandeurs. Fabien aurait rêvé d'accéder à la formation d'hypnose médicale, mais elle était essentiellement réservée aux personnels hospitaliers.

Dès qu'il enfourche son « vélib' », il pédale en toute sérénité, empli du plaisir de se retrouver bientôt chez lui. L'air frais balaie son visage au rythme des coups de pédales.

Beaucoup de monde profite de cette belle soirée. Les terrasses des cafés sont pleines à craquer ; les gens font même la queue devant certains établissements « tendance ». La circulation est toujours aussi compliquée à vélo dans cette zone prisée par les autochtones qui se mélangent à la masse des touristes plus concentrés sur l'environnement que sur la route. Paris est vraiment une ville fantastique ; toujours animée, il est quasiment impossible de ne pas y trouver son bonheur. Son cabinet est sur une zone plutôt stratégique lui permettant d'avoir un carnet de rendez-vous bien rempli. En prenant le temps de flâner tout en pédalant, il lui faudra une petite demi-heure pour rejoindre son domicile.

II

Le soleil s'est déjà levé depuis longtemps quand Fabien saute du lit, s'étire tout en se dirigeant vers la salle de bain et se brosse tranquillement les dents. Il a le temps ; son premier rendez-vous est à midi. D'une manière générale, il a peu de rendez-vous le matin. Les « actifs » préfèrent la pause déjeuner ou la fin d'après-midi. Fabien en profite donc pour aller courir une quarantaine de minutes, à jeun, dans le bois de Vincennes à une dizaine de minutes de chez lui. Le matin, il y fait toujours bon, la rosée perle encore sur le feuillage et en cette fin d'été, c'est certainement la période de la journée la plus propice à l'exercice physique. Il croise régulièrement de très jolies mamans qui font leur footing, ce qui ne manque pas non plus d'accroître sa motivation à se lever plus tôt.

Ce matin, il va retrouver son amie Sandrine, une prof de méditation qui enseigne également le Yoga ; coach sportive, elle amène régulièrement des groupes dans le bois pour pratiquer en milieu naturel. C'est pour Fabien l'opportunité de retrouver son amie et de profiter d'un de ses cours de méditation tout en liant connaissance avec des clients potentiels. Il croise souvent avec plaisir d'anciennes clientes qu'il a orientées vers les cours de Sandrine. Dès que possible, Fabien fait de la pub pour ses amis dont il connaît les compétences dans des domaines différents du sien, mais fort complémentaires. Quand il pense ne pas pouvoir travailler efficacement avec certains patients, il n'hésite pas à les confier à son mentor, Alexandre qui lui rend la pareille plus par sympathie que par réelle nécessité puisqu'il maîtrise parfaitement tous les champs de la spécialité, ce qui n'est pas encore le cas de Fabien. Quand les motifs d'une demande « résonnent » trop pour le praticien, il est en effet plus judicieux de ne pas prendre en charge l'accompagnement pour le bien-être du client et la préservation du thérapeute.

Au bois, le temps passe si vite… il doit allonger la foulée pour ne pas être en retard ; il efface facilement les deux cents derniers mètres qui l'amènent à son point de rendez-vous. Les pompiers de Paris ont toujours été réputés pour leurs qualités physiques exceptionnelles.

Quand il atteint la petite clairière, il aperçoit le groupe de Sandrine qui commence à s'installer sur l'herbe encore humide. La plupart des habituées apportent une serviette ou un tapis de sol, permettant de reconnaître les novices qui se retrouvent généralement à même le sol ou sur leur veste !

— Comment vas-tu, ma belle ? dit-il en embrassant Sandrine sur la joue.

— Toujours un plaisir de voir un beau et jeune garçon rejoindre mon groupe.

— Tu me flattes, lance-t-il en rigolant.

— Beau oui, mais jeune ! J'approche de mes 42 ans rapidement.

— Et toujours célibataire ! lui répond-elle, haussant la voix, sans crier, mais suffisamment fort pour que tout son groupe l'entende.

— Bon ! merci pour cette annonce discrète… Maintenant, toutes les femmes du bois de Vincennes connaissent ma situation sentimentale… sourit-il gentiment.

Sandrine est vraiment top, d'une forme olympique pour ses soixante-trois ans ; cette ancienne professeur de sport des écoles, retraitée depuis quelques années a toujours su rester dynamique, en gardant une motivation sans faille. Comme à son habitude, il se met derrière le groupe pour ne pas interférer dans le cours de son amie.

Au bout d'une demi-heure d'étirements intensifs, Sandrine invite le groupe à s'hydrater avant de repartir en footing léger. C'est à ce moment-là que Fabien s'éclipse généralement. Il salue de loin son amie et repart tranquillement.

— Fabien attend, s'il te plaît.

Il revient en trottinant vers elle. Sandrine se tient à l'écart du groupe avec une dame d'une trentaine d'années, peut-être 35 ans, mais pas plus ; en s'approchant, il remarque son visage cerné, même marqué. Une personne qui doit avoir besoin de ses services.

— Je te présente Julie, lui dit-elle en posant sa main sur le bras de cette femme qui est maintenant debout devant lui. Julie a les bras croisés, position qu'il entrevoit comme étant plutôt fermée. Son amie Sandrine est dans une posture plutôt bienveillante vis-à-vis d'elle.

— Enchanté, Fabien.

— De même, Julie.

— Julie suit mes cours depuis un an, tu as déjà dû la croiser ici peut-être.

— Certainement, répond Fabien ; néanmoins, son visage ne lui parle absolument pas.

— Nous nous sommes déjà croisés deux fois, répondit-elle.

Merde, se dit-il, je vais passer pour un mufle… il vient ici pour se détendre et non pour regarder les clientes de son amie. Julie est vraiment jolie, 1 m 75, fine et sportive ; il se demande comment il n'a pu la remarquer. Fabien s'attarde sur elle plus globalement. Elle dégage un mal-être flagrant et tellement de souffrance qu'il a tout de suite envie de l'aider par empathie. Les personnes en difficulté sont son lot quotidien.

Les « poches » sous ses yeux rougeoyant annoncent une dette de sommeil importante, et son regard fuyant témoigne une certaine forme de froideur ou si, comme ayant tellement pleuré, toute forme d'émotion l'avait quittée, abandonnée.

— Ceci dit, j'avais les cheveux plus longs les dernières fois, dit-elle certainement par politesse pour ne pas le mettre plus mal à l'aise.

— Julie, à… je vais vous laisser discuter, elle connaît ta profession et je lui ai longuement parlé de ta pratique et de tes compétences de praticien.

Sandrine s'éloigne, le laissant face à cette femme qui transpire le désarroi ; bienveillant, il essaie de la mettre en confiance en se présentant rapidement.

— Donc Julie, je m'appelle Fabien Morau, je suis sophrologue et praticien en hypnose, mes références sont sur ma page web que je vous invite à consulter, voici ma carte.

Elle prend la carte de visite alors que le groupe de Sandrine est déjà sur le départ. Il ne dispose que de peu de temps pour la renseigner ; d'ailleurs, elle porte son regard en direction de Sandrine pour jauger le temps dont elle dispose afin de ne pas retarder son groupe.

— Je voudrais venir à votre cabinet pour un accompagnement, un cancer qui a été diagnostiqué il y a déjà un certain temps.

— Pouvez-vous m'aider ?

— Oui, madame, je ferai de mon mieux pour vous accompagner.

— Écoutez, je dois y aller, les filles doivent m'attendre, Sandrine m'a dit que vous étiez sur Doctolib[4], je prendrai rendez-vous et nous viendrons vous voir.

— D'accord, à bientôt.

Elle rejoint le groupe qui, dès son arrivée, repart en trottinant. Fabien les regarde s'éloigner. L'entretien fut bref, mais la « souffrance » qui émanait de sa personne avait immédiatement attiré son attention ; il avait d'ailleurs été surpris qu'elle lui annonce tout de go vouloir « venir pour un cancer ».

Dans son exercice, il se trouve confronté à des problèmes très divers qu'il s'agisse de bégaiement, de stress, de troubles du sommeil, de gestion de la colère et la liste n'est pas exhaustive. Finalement, ce domaine d'activité véhiculait sa part d'inconnu comme celui de sapeur-pompier qu'il exerçait auparavant.

Même si les maux pouvaient se ressembler, les clients étaient tous différents. Lors du premier rendez-vous, notamment s'il était pris en ligne via la plateforme de réservation, Fabien ne savait jamais quel allait être le « challenge ».

À ses débuts, il gérait lui-même les appels téléphoniques, ce qui lui permettait d'avoir une idée de la motivation du client qui l'énonçait généralement au cours de la communication. Mais sa clientèle

---

[4] Site de réservation en ligne pour les rendez-vous auprès des professionnels de santé.

augmentant considérablement, il avait dû rapidement s'orienter vers un service de rendez-vous « en ligne ».

Le bouche-à-oreille avait rapidement profité à son cabinet. Il s'était également diversifié en proposant un service par visio-entretien pour les personnes ne pouvant se déplacer. Il effectuait parfois des séances à domicile et, durant le week-end, encadrait régulièrement des séances dans des structures sportives accroissant ainsi sa visibilité professionnelle.

Julie lui avait dit être atteinte d'un cancer, mais il savait que bien souvent le travail ne peut se limiter au strict domaine annoncé par le client ; il s'agit en effet d'aider un individu dans sa globalité et non de se focaliser sur la prise en charge d'une maladie, ce qui sortait de son champ de compétences. Bien sûr, il ne peut être assujetti à une obligation de résultat et n'étant pas maître des paramètres de vie des gens, il ne pouvait faire le travail à leur place. Car oui, il y a un travail personnel que les clients doivent accepter, au moins prendre en compte en venant le consulter… Une prise de conscience indispensable pour commencer à changer. Le fait d'entreprendre la démarche constituait déjà un bon début.

Fabien adorait toutes les facettes de son métier et se lançait dans tous les accompagnements, surtout ceux difficiles, comme pourrait l'être celui de Julie.

Néanmoins, il évitait de prendre en charge les enfants, probablement en raison d'un passé difficile dont il n'avait pas fait le deuil comme l'évoquait fréquemment son ami et mentor, qui avait essayé de travailler avec lui maintes fois sur le sujet pour l'accompagner. Fabien n'avait jamais souhaité poursuivre. Peut-être n'était-il pas prêt : un paradoxe pour quelqu'un qui choisit d'aider les autres, mais refuse de l'être ?

Alexandre avait été son formateur ; les deux hommes avaient directement « accroché » alors que rien ne paraissait les y prédisposer ! Auparavant, professeur de français, Alexandre avait tout lâché pour sa passion qu'il pratiquait depuis vingt ans. Fabien avait adoré son approche pédagogique ; fort de ses années d'enseignements, il avait une prestance, une telle facilité à communiquer, à se synchroniser avec les gens, qu'il captivait tout son auditoire.

Tout était simple avec lui, ses capacités à manier la langue française acquises tout au long de sa carrière d'enseignant faisaient de lui un virtuose des inductions, un conteur d'histoires hors pair. Sa voix, son « terpnos logos » comme le diraient les sophrologues (mais qui pour le coup n'avait rien à voir avec celui de l'hypnose, plus vivant, plus dynamique), couplé à chaque mot qu'il employait de façon précise, amenait ses patients aux effets désirés pour qu'ils puissent travailler dans la transe la plus efficace possible. Il maîtrisait parfaitement les facettes de sa profession, de cette passion qui l'animait depuis si longtemps et dont il avait fait un style de vie. L'Éducation Nationale avait grincé des dents aux débuts lorsqu'il avait fait quelques démonstrations à ses élèves. Mais il avait su démontrer l'efficacité de son panel technique auprès d'élèves en difficultés comportementales. Sa femme l'avait persuadé de franchir le cap d'une disponibilité après tant d'années dans la fonction publique pour donner un autre sens à sa vie, celui pour lequel il était fait.

Alexandre avait poussé Fabien à s'orienter vers l'accompagnement personnel à l'issue de sa carrière chez les pompiers de Paris. Le potentiel important de son élève avait rapidement éveillé son intérêt. Ce dernier avait toutes les qualités requises pour être un bon praticien. Il faisait partie de ces personnes qui avaient pour vocation d'aider leur prochain ; son cursus professionnel chez les pompiers en était la preuve, même si aller au feu avait toujours été la partie préférée de son métier. Lui qui ne jurait que par cela pendant quasiment toute sa carrière avait un jour changé d'avis, passé un cap qui avait bouleversé son existence à jamais. Un souvenir amer, une blessure visible qui en évoquait une plus profonde, mais invisible, marquait depuis quelques années, le poignet de sa main gauche.

C'est en passant machinalement sa main droite sur son autre poignet qu'il reprit son footing en direction du bois, Fabien voulait profiter de sa fin de matinée pour faire quelques courses avant de partir à son cabinet. Son planning affichait six clients aujourd'hui, une moyenne pour son activité qui tournait plutôt bien.

Sur le trajet de retour vers son domicile, Fabien marque soudain un temps d'arrêt en repensant à la réponse de Julie : « nous viendrons vous voir »… puis il accélère, allongeant progressivement sa foulée, prenant toujours autant de plaisir à parcourir les bois pour s'évader, se défouler.

À défaut d'être addictive, la course deviendrait-elle curative ? Lui qui avait combattu la souffrance toute sa vie en aidant son prochain, y trouverait-il le moyen de soigner la sienne ? Les blessures du cœur sont parfois bien plus douloureuses que celle du corps !

Son ami Alexandre avait été clair depuis le début ; bien que continuant à aider ses patients au cabinet, il ne pourrait s'aider lui-même tant qu'il ne l'aurait pas décidé. On ne peut en effet aider une personne qui ne le désire pas !

Au fur et à mesure qu'il allonge sa foulée, des sensations positives l'envahissent ; il n'y a plus que lui et la nature… le vide intérieur est total… du moins pour l'instant, car tôt ou tard, il faudra bien s'arrêter !

III

Comme la plupart d'entre elles, la journée de Fabien défile rapidement ; il accompagne deux nouveaux clients venus pour des protocoles différant de son quotidien habituel, une préparation mentale pour le sport et un comédien qui souhaite gérer son appréhension de la scène.

Il a toujours aimé travailler dans l'inconnu ; un job dans lequel rien n'est figé comme c'était le cas de son ancien métier dans lequel il s'était épanoui pendant des années.

Fabien partage son cabinet avec Annie, une kiné qu'il a rencontrée par l'intermédiaire de son mari Pierre, ostéopathe avec qui il participait à divers triathlons. À l'époque, il cherchait un cabinet pour s'installer et Annie avait une grande pièce disponible qu'elle souhaitait louer pour partager les frais.

Ils s'étaient entendus immédiatement et leur amitié perdurait depuis des années au-delà de leur métier. Pierre continuait à le suivre sur les compétitions, mais en tant que binôme. Ils aimaient se retrouver pour partager des soirées apéros tous ensemble dans les bars branchés de la rue de la roquette à deux pas du cabinet.

Pour une fois, sa journée se termine plus tôt ; il est à peine plus de 18 h quand son dernier client part. Les jours raccourcissent, l'automne approche, mais il fait encore beau. Les gens s'affairent en ce dernier jour de vacances scolaires ; demain, c'est le grand jour pour des milliers d'élèves… La rentrée scolaire après deux mois de grandes vacances ! Cette année, elle aurait dû rentrer en 5e… mais la vie en avait décidé autrement.

Lui qui avait vu dans sa carrière tant de morts, tant de malheurs, mais également tant de belles choses, parfois des miracles, lui qui avait sauvé tant de vies avec ses copains, n'avait pas pu secourir son propre enfant. Un accident domestique, tellement bête, inattendu… la mort simple comme un morceau de viande qui se coince dans la trachée et vous étouffe. L'incident était survenu au restaurant et Fabien n'avait rien pu faire ; il avait tout tenté, les tapes dans le dos, la manœuvre de Hemlich, rien n'avait fonctionné. Les secours rapidement sur site avaient également été impuissants.

Des années à protéger et servir pour laisser partir sa propre fille sans pouvoir rien faire, Fabien ne s'en était jamais remis. Depuis toutes ces années, la scène était ancrée au plus profond de lui ; alors qu'il avait tendance à oublier beaucoup, il se souvenait parfaitement du moindre détail de cet événement qui avait totalement bouleversé le cours de sa vie ; rien ne serait plus jamais comme avant. Son mariage n'avait pas résisté à ce cataclysme.

Fabien range ses affaires en consultant une dernière fois ses courriels, dont un émanant d'Audrey, son ex-femme. Il le supprime immédiatement, sans prendre la peine de le lire.

Il n'avait pu demeurer auprès d'elle à la mort de leur fille. Trop de souvenirs, trop de ressemblance qui lui rappelaient Emilie… elle s'appelait Emilie.

Au fil des années, Audrey avait su relever la tête, faire son deuil et se reconstruire. La vie est parfois curieuse ; lui, si fort physiquement, avec un « gros mental » s'était effondré alors qu'elle s'était transcendée dans cette épreuve. Elle avait refait sa vie, fondé une nouvelle famille avec un de ses collègues de travail. Fabien n'avait jamais pu lui pardonner de ne pas l'avoir aidé à sauver leur fille. Objectivement, elle avait fait le maximum en étant à ses côtés, elle avait remué ciel et terre dans le restaurant pendant que son mari essayait de sauver leur fille. Audrey avait suffisamment de force et d'amour pour surmonter cette épreuve à ses côtés. La décision de son mari de divorcer avait fini de l'anéantir. Elle voyait bien qu'il n'était plus le même, parfois l'amour ne peut pas tout résoudre surtout une tragédie. Elle avait tout essayé pour sauver leur mariage, mais dans un couple il faut être… deux.

Malgré toutes ces années, elle ne pouvait s'empêcher de s'enquérir de ses nouvelles… juste savoir si tout allait… bien. Entendre sa voix ou lire un SMS, un mail, mais jamais il n'avait répondu. Les seules échos qu'elle avait venaient de ses parents qui lui donnaient des nouvelles de temps en temps, mais leur fils était devenu taiseux, il ne parlait jamais du drame et n'exprimait rien sur le sujet. Malgré le soutien d'un entourage proche extrêmement présent, rien n'y faisait, Fabien se murait dans le silence.

Bien qu'il ne réponde jamais, Fabien n'avait pu se résoudre à reléguer Audrey dans les spams[5] de ses courriers électroniques. « L'effacer »… un mot bien trop fort pour qu'il puisse s'y résoudre. Mais il se passerait bien de ces messages qui polluent son esprit d'autant qu'ils lui parviennent toujours à des dates clefs, anniversaires, rentrée des classes, fêtes… alors qu'il ne demande qu'une seule chose… ne plus y penser.

C'est d'une humeur morose qu'il ferme son cabinet pour rentrer chez lui ; Pierre et Annie l'attendent devant la porte.

— Ho salut, dit-il, surpris de les voir.

— Toi, tu nous as encore oubliés.

— Hum, oublié, oublié, quoi ?

— Notre repas, lâche Pierre en rigolant.

— Ha putain, oui, j'ai réservé en plus.

Il avait trouvé un petit resto super sympa sur Saint-Antoine et les trois amis avaient décidé d'y passer la soirée une semaine auparavant.

Sur le trajet, Pierre en profite pour parler sport, il ambitionne un gros challenge qu'il aimerait réaliser avec son ami, un cent bornes, une course de plus de dix heures. Pierre aimerait terminer l'épreuve avant que l'organisation ne rétablisse la circulation routière et ne commence à démonter la zone d'arrivée… hilarité générale ! Mais le challenge est de taille et nécessite une bonne préparation. Fabien n'a jamais fait plus qu'un Marathon, soit 42 200 Kilomètres. Annie s'occuperait de

[5] Courriers électroniques indésirables.

la logistique, du moins avant et après la compétition. Les garçons ne seront pas capables de conduire au retour, il faut dormir sur place avant de reprendre la route le lendemain. Comme Fabien, Pierre est d'un bon niveau sportif ; néanmoins, ce sera pour eux un dépassement de soi hors norme, un moment inoubliable… cent bornes !

Quand ils atteignent le restaurant, la salle est déjà pleine ; les employés se hâtent pour dresser les dernières tables avant le début du second service. Par chance, Fabien avait réservé depuis le jour même où ils avaient décidé de dîner ensemble. Ils comblent leur attente au bar.

— Trois pressions en Pinte[6], s'il vous plaît.

— Pas pour moi, merci, l'interrompt Annie.

— Ha pardon, tu préfères une blanche ?

— Pas d'alcool en fait, dit-elle. Annie parvient mal à dissimuler son embarras. Son regard fuyant évite par tous les moyens de croiser celui de Fabien.

— Je prendrai un soda, monsieur, s'il vous plaît.

— Ok, deux pintes et un soda pour la dame, valide le barman.

Fabien regarde fixement Annie en fronçant inconsciemment les sourcils puis se retourne vers Pierre qui arbore un large sourire.

— Nous voulions te l'annoncer à table, Théo va avoir une petite…

— Sœur, mais quelle bonne nouvelle, mes félicitations ! s'exclame Fabien.

Annie et Pierre se regardent furtivement ; ils appréhendaient le moment de cette annonce qui est une merveilleuse nouvelle pour eux.

— Théo qui commençait à bien dormir, vos nuits sont foutues maintenant, ironise Fabien en levant le verre que le barman vient de déposer devant lui.

— Félicitations, les amis, santé.

— Santé.

Pierre prend tendrement Annie par la taille au moment d'entrechoquer les verres ;

— Excusez-moi, je m'absente aux toilettes.

---

[6] Verre de 50 cl.

Fabien repose son verre et se fraye un chemin entre les nombreux clients.

— Il va pas bien là, j'en suis certaine.

— Oui, tu as raison, il a vacillé légèrement quand il a compris. Et son visage… son visage s'est éteint.

IV

Quand Fabien parvient aux toilettes, il se dirige immédiatement vers le lavabo et s'asperge plusieurs fois le visage d'eau fraîche avant de relever la tête face au miroir. Il est blême ; ses mâchoires sont tellement serrées qu'il voit ses zygomatiques[7] se contracter et animer son reflet. Sa respiration est plus rapide que d'habitude, plus profonde, plus ample. C'est penché en avant, bras tendus, les mains accrochées de part et d'autre du lavabo que le trouve la jeune femme qui sort au même instant des toilettes ; elle observe le reflet de Fabien dans le miroir et marque un temps d'arrêt.

— Vous vous sentez bien, monsieur ? s'inquiète-t-elle, s'approchant de lui sans toutefois être trop intrusive.

Fabien la regarde dans la glace avant de tourner la tête en sa direction :

— Oui, merci, certainement une petite chute de tension ne vous inquiétez pas. Fabien se redresse et lui fait face.

— Si vous avez besoin, mon ami est pompier, il est dans la salle, je peux lui demander de venir si vous le souhaitez.

Il sourit en coin brièvement avant de répondre poliment tout en esquissant un bref sourire :

— Me voilà rassuré, merci madame, ne dérangez pas votre ami, je vous remercie.

— C'est normal, bonne soirée ! s'exclame-t-elle en partant.

— Bonsoir et merci.

---

[7] Muscles du visage.

Fabien ferme les yeux en baissant la tête au-dessus du lavabo, seul son ancrage de détente avait pu lui permettre de rester debout au comptoir.

Quand il avait compris la fabuleuse nouvelle que lui annonçait son amie, le sol s'était dérobé sous ses pieds. Il avait pu se réguler immédiatement grâce à cette technique connue et reconnue, son arme secrète depuis trop longtemps.

Fabien ouvre les yeux, fixant le fond du lavabo. Entre le mail de son ex-femme et la nouvelle de ses amis, il terminait la journée en fanfare. Quelle belle nouvelle pourtant ! un petit garçon serait certainement mieux passé, se dit-il… Quand il relève la tête pour observer son reflet, l'image ne lui plaît pas. Un clown triste, pensa-t-il en voyant des traits tirés sur un visage marqué.

— Allez… secoue-toi, se dit-il à voix basse.

Il se frotte énergiquement le visage et respire un grand coup avant de s'essuyer avec une serviette jetable. Fabien est heureux pour ses amis, mais la suite lui fait peur ; être confronté à leur fille au fur et à mesure des années allait réveiller une multitude de souvenirs douloureux. Cette journée est interminable… le message de son ex avait déjà appuyé sur la corde sensible de rentrée scolaire… il était grand temps qu'elle se termine. D'habitude, il arrivait globalement à bien gérer ; une multitude d'activités lui permettaient de se protéger dans sa bulle pour oublier, mettre un mouchoir sur tout ce qu'il ne pouvait ou ne voulait pas affronter. Au bar, ses amis s'impatientent ; Annie regardant fréquemment sa montre s'enquiert de son ami.

— Tu ne veux pas aller voir Pierre, je m'inquiète pour Fabien, il est parti il y a dix minutes déjà.

Pierre avale une gorgée de bière :

— J'y vais.

Au moment où il descend du tabouret, son ami arrive discrètement derrière lui en souriant :

— Excusez-moi les amis, j'ai perdu du temps à discuter avec une dame dont le conjoint est pompier.

— Je m'inquiétais, tu sais, lui dit Annie en mettant sa main sur son avant-bras.

Elle le regardait comme si elle avait envie de pleurer, elle s'était réellement inquiétée. Julien se confond en excuses en l'étreignant amicalement.

— Je suis désolé… je t'offre la deuxième tournée de Coca, avec la musique cubaine, ça passe nickel, lui dit-il en rigolant.

— T'es vraiment con ! Elle le regarde en souriant, « Pierre allait partir voir ce que tu foutais. »

— Vu sa vitesse de déplacement, nous y serions encore.

— Ha, mais t'es pas sympa de te moquer de ma vitesse dis voir, je suis endurant pas rapide.

— Pas tout le temps, mon chéri, il faut bien le reconnaître !

Ils éclatent de rire en trinquant, la soirée poursuit son cours. Les plats de ce petit restaurant branché sont simples et délicieux. Le trio passe un bon moment avant de se séparer vers minuit. Fabien sent qu'il a un peu forcé sur la boisson. Il décide néanmoins de rentrer en vélib'. Arrivé à hauteur des vélos, il se ravise en regardant sa monture potentielle, hésitant avant de se décider. N'étant pas sûr de pouvoir rouler droit, il faut tester ; il enfourche un des vélos en stationnement et constate immédiatement que la terre tourne plus vite que d'habitude. La raison l'emporte, il rentrera à pied, le trajet est d'une trentaine de minutes normalement, un peu plus peut-être vu les conditions actuelles.

Il arpente les rues en direction de son domicile, l'enivrement et la fatigue le rendent plus… léger en cette nuit de septembre où l'air est encore chaud ; il se serait bien baladé en bord de mer. Pourquoi la mer ? se dit-il. Une réflexion de mec bourré qui a besoin de pisser certainement ! Fabien rigole en urinant contre un platane à l'abri des regards. Marcher lui fait du bien, même si l'air frais est plutôt rare.

Trente minutes plus tard, il gravit les escaliers qui le conduisent à son appartement sans croiser quiconque à cette heure avancée de la nuit. Tout en se déshabillant, il se dirige immédiatement vers la chambre.

— Pas de temps à perdre, allons directement à l'essentiel à poil et au lit, le reste peut attendre.

Allongé sur son lit qui tourne… Fabien ne se sentait pas au meilleur de sa forme, une multitude d'idées noires s'entrechoquaient dans son esprit embrumé par l'alcool. Il avait de plus en plus conscience qu'il devait faire quelque chose pour avancer sinon sa vie serait un purgatoire. Et il n'avait commis aucune faute.

Le plus dur pour lui c'était bien la nuit. Elle revenait et se répétait inlassablement chaque jour… encore et encore, le mettant à l'épreuve. Pour s'endormir, pour ne pas… penser, rêver toujours à la même chose, un rêve tellement bizarre, tellement réaliste.

C'est ainsi qu'il sombre dans un sommeil profond aux abîmes creusés par l'alcool.

V

Fabien est dans un couloir en feu, mais pas n'importe quel feu, un brasier total dans lequel il est normalement impossible d'évoluer. Un incendie en plein développement dans un immeuble ou une maison, il l'ignore. La chaleur est insoutenable, il a le sentiment de cuire sous sa tenue complète de sapeur-pompier conçue pour aller au feu ; mais il avance vers cette porte au bout du tunnel. Cette porte qui se gondole de façon exagérée dans tous les sens sous l'effet de la chaleur ; qui se trouve derrière elle, en fait il n'en sait rien.

Le spectacle est… grandiose, magnifique, extraordinaire même. Il en prend plein les yeux, les flammes semblent rouler sur le plafond et se rependent, bizarrement, comme de l'eau. Une eau de feu tournoyante qui se propage, avec la fluidité d'un liquide, ce qui est contradictoire avec la situation. Aucune fumée ne se dégage du sinistre.

Recroquevillé sur lui-même, Fabien progresse le visage baissé, le regard toujours en direction de la porte… de cette porte, qu'il doit atteindre sans savoir pourquoi. Il avance, mais ne semble pas bouger de sa position, comme s'il évoluait sur un tapis roulant. Il progresse en restant sur place, tenant fermement en main sa lance à incendie. Les flammes continuent à fondre vers lui jusqu'à le dépasser de part et d'autre. Le torrent de feu continue à rouler sur le plafond en laissant s'échapper des gouttes de flammes qui perlent sur sa tenue de feu. Au moment où il arrive enfin à avancer, il actionne le levier de la lance à incendie pour laisser théoriquement s'échapper un jet d'attaque qui devrait lui permettre de vaporiser un nuage de gouttelettes… mais rien ne sort de la lance. C'est à ce moment que tout s'accélère, les gouttes de feu sont de plus en plus nombreuses, il avance toujours vers son but sans pouvoir l'atteindre. Inlassablement, mécaniquement il actionne sans interruption le levier de sa lance, mais l'eau n'arrivera jamais.

La chaleur devient intenable, une goutte de feu tombe sur son poignet qui s'est trouvé découvert, certainement à force d'actionner le levier de cette lance qui ne fonctionne pas.

Il ressent immédiatement sur la peau la morsure saisissante de cette brûlure qui se propage sur son poignet.

Fabien se réveille, ouvre les yeux dans un soubresaut ; son tee-shirt est trempé, il repousse le drap pour aérer sa couche. En s'asseyant au bord du lit, il espère trouver une fraîcheur salutaire. Attrapant une serviette au passage, Fabien se dirige vers la douche tel un automate, la répétition de ce rêve l'a conditionné au même rituel. L'eau tiède lui fait un bien terrible… il en profite un long moment. Il souffle profondément, pensant à voix haute « quel rêve de merde ! », toujours le même à quelques détails près. L'eau ruisselle sur son corps et sa fraîcheur le fait sourire : au moins, la douche fonctionne mieux que la lance à incendie. Inconsciemment, dans un mouvement circulaire de la main droite, il frictionne son poignet opposé. Il regarde cette cicatrice de brûlure qui habite sa vision nocturne ; une cicatrice pourtant bien réelle, séquelle de brûlure à l'acide lors d'une intervention dans un entrepôt de produits chimiques alors qu'il était jeune pompier. Une fuite sur un bidon situé en hauteur, un goutte-à-goutte qui lui avait valu une sérieuse lésion. L'acide avait « rongé sa peau » doucement, en profondeur ; rien à voir avec une brûlure par flamme. Toute sa vie, il se souviendrait de cette douleur.

C'est étonnant comme l'inconscient fait resurgir et assemble des choses tellement différentes lors de certains rêves. Quelle en était la signification ? pourquoi mélanger le réel et l'imaginaire ? Tant de questions sans réponses. La première partie était pour lui fantastique, le feu qui roule sur les murs, l'ambiance, le goût du risque, et cette maudite lance qui ne fonctionne pas. Il se rappelle le rêve raconté par un de ses patients policiers : dans le cadre d'une intervention, il était en situation d'utiliser son arme administrative sans jamais parvenir à tirer. Cette seule évocation faisait naître en lui une si terrible frustration.

3 h 45, la nuit va être longue… de retour dans la chambre changer les draps et la taie d'oreiller pour se recoucher dans des draps frais sentant bon la lavande… se plonger dans l'obscurité… se concentrer sur sa respiration. Il actionne son ancrage de détente, appuyant son index et son pouce l'un contre l'autre et en ressent immédiatement les effets. Comme à chaque fois ce geste lui fait prendre une grande inspiration et souffler tout doucement, laissant progressivement son corps et son esprit se détendre. Pour sombrer, il a pris l'habitude de recourir à une induction de détente de sophro. Il pourrait travailler sur un encrage plus profond pour le sommeil, mais ce mode opératoire lui plaît et fonctionne plutôt bien.

« Je suis installé confortablement dans mon lit et plus je prends conscience de ma respiration, plus je la sens se modifier et devenir régulière. Mon attention se porte sur mon front, il est lisse et détendu comme un grand lac calme, toutes les rides s'estompent au fur et à mesure où je sens la détente s'installer en moi. Mes sourcils se relâchent et mes paupières sont souples, les rides de mes pattes d'oies s'estompent de plus en plus et je sens toujours cette détente qui envahit progressivement mon visage… »

Il est 4 h 10… Fabien part dans un sommeil profond, favorisé par les « vapeurs d'alcool » qui l'accompagneront, jusqu'à son réveil.

VI

Extirpé de son sommeil à 9 heures par le réveil de son téléphone, Fabien comprend immédiatement que la journée s'annonce compliquée. Par chance, il n'a pas de rendez-vous le matin… une séance de sport serait bienvenue, se dit-il… une bonne séance de piscine. Idéal pour sortir d'un état pseudo-végétatif succédant à une soirée difficile.

Après un bref petit-déjeuner, il est déjà sur le départ pour aller nager, quand la sonnerie du téléphone freine son élan… c'est le bip qui annonce une nouvelle prise de rendez-vous. Il consulte rapidement son emploi du temps et constate que la personne a choisi de venir pour midi aujourd'hui. Voilà qui lui laisse le temps d'aller s'entraîner. Julie Miera, une nouvelle cliente. Julie… Julie, le nom résonne en lui… peut-être la personne que son amie lui a présentée il y a peu, après la séance de Yoga dans le bois de Vincennes.

« On s'en fout », pensa-t-il en préparant ses affaires, « je verrai bien à midi, pour le moment la seule chose qui compte c'est de partir nager, se vider la tête ». Il ira chercher son repas chez son ami Marco, gérant d'un petit resto qui fait des plats à emporter.

La matinée passe rapidement ; il a eu de bonnes sensations à la piscine. Alors qu'habituellement il trouve l'exercice monotone, il a pris du plaisir à nager sur un rythme de fractionné pour bien travailler son cardio. Une longueur rapide l'autre en récupération, 2 fois 10 longueurs entrecoupées de 2 minutes de récupération entre les deux parties. Fabien est vidé ; la sensation de détente que lui procure l'après-natation est très agréable. Il lui reste quarante minutes avant l'arrivée de sa cliente, largement de quoi déguster le plat cuisiné par Marco, dehors, sur un « mange debout », en profitant du soleil.

Il est 11 h 50 quand Fabien prend place à son bureau. Il a toujours son petit rituel avant chaque séance ; positionner le smartphone en mode silencieux, ranger parfaitement son bureau, prépositionner l'ordinateur de façon à gérer le plus rapidement la partie administrative, s'accorder deux trois minutes pour se vider l'esprit entre deux clients. Son rendez-vous n'est pas encore dans la salle d'attente. Pour l'instant, seuls deux hommes attendent Annie pour leurs séances de kiné.

À midi pile, Fabien se lève tranquillement et se dirige d'un pas décidé à la porte de son bureau. Il l'entrebâille pour observer la salle d'attente. Il y distingue des talons au niveau de l'entrée et quitte immédiatement le bureau pour aller accueillir sa nouvelle cliente, madame Julie Miera.

Il reconnaît immédiatement l'amie que Sandrine lui avait présentée.

— Bonjour Madame Miera, dit-il avec un large sourire.

— Bonjour Fabien, répond-elle en se levant en même temps que la petite fille qui se trouvait quelques sièges plus loin.

— Voici ma fille, Léa, dont je vous avais parlé.

Le large sourire de Fabien s'efface d'un seul coup laissant place à la stupéfaction, « putain », se dit-il, ça ne va jamais s'arrêter. Il vient d'avoir un coup de chaud et ne peut s'empêcher d'essuyer machinalement son front. Julie remarque immédiatement qu'il se passe quelque chose d'anormal, sa fille aussi. Annie qui arrive au même moment pour récupérer un de ses patients assiste à la scène et réalise rapidement d'où vient le malaise qui semble pétrifier son ami.

— Bonjour madame… enchantée…, je suis Annie, la kinésithérapeute qui partage le cabinet avec Fabien, dit-elle dans un large sourire, « bonjour mademoiselle… tu dois être ? tu dois être ? » dit-elle en se penchant vers la fillette.

— Je m'appelle Léa et je viens voir le monsieur pour mon cancer, répond-elle en souriant malgré son intimidation.

Fabien sent se propager des fourmillements qui l'envahissent depuis le haut du crâne, progressant sur son visage, son corps. Il fait tout pour se réguler rapidement ; une profonde et discrète respiration lui permet de juguler ponctuellement ses émotions.

— Excusez-moi, j'ai été surpris effectivement, nous avions en effet évoqué un rendez-vous, mais pas pour…

Annie lui fait les gros yeux en lui donnant un petit coup de coude discret pour qu'il se ressaisisse immédiatement. Fabien s'interrompt immédiatement ;

— Julie, nous pouvons nous voir deux minutes dans mon cabinet ?

— Pas la peine, maman… j'ai compris… il ne veut pas travailler avec quelqu'un qui a le cancer ou il n'aime pas les enfants, je veux rentrer s'il te plaît.

La salle d'attente est complètement silencieuse, seul persiste le bruit lointain des machines de rééducation qu'utilisent les patients d'Annie. Tous, y compris les patients, ont les yeux braqués vers Fabien. Un profond malaise vient de s'installer, le temps s'est arrêté pendant quelques secondes.

— Écoute, Léa… dit Annie.

— C'est à moi de répondre, l'interrompt Fabien, en se penchant pour se mettre à hauteur de la petite.

— Je ne travaille pas effectivement avec les enfants… tu as raison. Pour tout te dire, je ne m'en sens pas capable pour le moment ! il marque un temps d'arrêt.

— J'ai besoin de temps pour…

Elle ne le laisse pas finir sa phrase, effaçant le pas qui les sépare pour venir à son contact et poser ses mains sur les siennes.

— Moi, du temps, j'en ai pas, monsieur…

C'est un face-à-face, une bataille entre un praticien confronté à ses limites et une enfant dont l'espérance de vie est limitée dans le temps.

Le contact des mains de la petite le met en difficulté extrême, annihilant son travail de régulation d'émotion qu'il venait de réaliser quelques secondes auparavant. Fabien se sent mal, très mal, submergé par l'émotion, il actionne son ancrage pour se réguler, essayer de reprendre le contrôle. Curieusement, il n'est pas touché par la maladie de Léa, elle est condamnée, ceci est un fait et elle le sait. Le syndrome du sauveur n'a jamais été un problème à gérer pour lui ; la vie est parfois injuste, Fabien est bien placé pour le savoir. Elle le regarde fixement sans le quitter des yeux, il a l'impression de fixer les yeux du chat Potté[8] lorsqu'il tient son chapeau sur le torse pour émouvoir l'assemblée.

— On peut rentrer maman s'il te plaît, dit-elle en lâchant les mains de Fabien et détournant son regard vers sa mère.

— Bien sûr, mon chat.

Elle rejoint sa maman tout en lui prenant la main. Toutes deux se dirigent vers la porte sans se retourner. Fabien est toujours accroupi, il regarde ce petit bout de femme qui vient de lui tourner les talons sans la moindre hésitation pour se diriger vers sa mère.

Quand Léa s'est levée ce matin, elle avait des nausées comme tous les matins depuis plusieurs semaines ; heureusement, elle ne vomissait pas toujours, mais cette sensation nauséeuse au saut du lit était vraiment désagréable. Vivre malade avec une éventuelle porte de sortie vers la guérison permet d'avancer en se raccrochant à un objectif, un but à atteindre : s'en sortir, vivre. Tous les matins, elle se lève avec une épée de Damoclès au-dessus de la tête. Pour elle, il n'y avait plus rien à faire, les traitements doivent la maintenir en vie le plus longtemps possible. Jusqu'au moment où il faudra partir, tirer sa révérence, s'en aller. Mais s'en aller où ? dans le ciel espérait-elle, pour voler et surveiller ses parents. Alors quand sa maman lui avait parlé d'hypnose, elle avait haussé les épaules à l'évocation d'un traitement de plus qui allait encore être douloureux pour pas grand-chose. Puis au fur et à mesure des explications, elle avait commencé à entrevoir du positif, quelqu'un qui enfin allait s'occuper d'elle et de ses envies. Sans lui infliger de traitement, quelqu'un qui allait soigner

---

[8] Film sorti en 2011 chez Dreamworks dont le héros est un chat.

son esprit et non sa maladie. Elle avait hâte d'aller à son rendez-vous ce matin.

— Cliente suivante, Léa Miera s'il vous plaît.

La voix est ferme, bien que chargée d'émotion. Toujours accroupi, le regard fixé vers le sol, Fabien se relève lentement puis se dirige vers son cabinet ; il se fixe à l'entrée de la pièce comme il le fait habituellement pour recevoir ses clients.

Julie et sa fille s'arrêtent et se regardent, un court instant.

— Vas-y, lui dit sa mère en souriant.

— Vous pouvez venir, Julie.

— Non, Léa souhaite être seule.

Léa se retourne et se dirige la tête haute vers l'entrée de la pièce où l'attend son praticien, elle s'était levée pour cela aujourd'hui. Elle vient de sortir victorieuse de son échange avec Fabien qu'elle a réussi à convaincre contre toute attente. Lui-même ne saurait expliquer cette phrase prononcée naturellement, inconsciemment.

Maintenant, il n'avait plus aucune échappatoire, plus aucune porte de sortie. En plus du travail de sa patiente, il allait devoir faire face à toutes les choses qu'il avait occultées pour éviter de les affronter.

VII

Assise devant Fabien, Léa n'est pas complètement en face du siège de son praticien, mais plutôt décalée. Le fauteuil en cuir utilisé par Fabien attire beaucoup son attention, il attise même sa curiosité. Fait d'un vieux cuir brun de vachette, patiné, usé par le temps, il est magnifique. Léa caresse des yeux la matière noble de ce fauteuil club que Fabien tient de son père depuis de nombreuses années. Elle continue à parcourir la pièce de son regard d'enfant et souris en regardant les différents cadres photo. Une cascade, une spirale noire sur un fond blanc, un bouddha, tant d'objets insolites qui ambiancent les lieux. De son côté, Fabien la regarde découvrir son petit monde de travail. Curieusement, il se sent plus à l'aise que dans la salle d'attente ; peut-être simplement rassuré d'être dans son cabinet ! Elle continue à observer son environnement avant de revenir poser son regard sur le fauteuil Club.

La lumière extérieure fait légèrement scintiller les têtes des clous qui maintiennent le cuir ; le poids des ans les rend certes moins brillantes, mais n'enlève rien au cachet de l'ensemble.

Assise sur le siège en tissu gris destiné à la clientèle, elle balade machinalement ses petites mains sur l'agréable revêtement qui orne l'ensemble de l'assise. Léa porte un tee-shirt blanc avec des cœurs de différentes tailles et couleurs, un petit pantalon en toile légère avec des motifs floraux et des sandalettes blanche. Une casquette rose la coiffe. Léa n'a plus de cheveux depuis longtemps déjà, mais porter une perruque l'exaspère ; elle n'a jamais souhaité parader avec cette chose qui ne lui appartient pas.

Fabien se dit qu'il fait les choses à l'envers… il aurait dû d'abord s'entretenir avec Julie pour avoir plus d'information, en même temps sa cliente est en face de lui et vu son aplomb elle devrait être à même de lui répondre malgré son jeune âge… mais quel âge a-t-elle au fait ? 7/8 ans peut être 9, avec la maladie difficile de savoir, elle ne doit pas peser bien lourd en tout cas.

— Alors Léa, qu'est-ce qui t'a donné envie de faire cette séance ? la phrase vient de sortir automatiquement… Malgré la pression et tout ce qui le submerge, le trouble, Fabien retrouve ses réflexes de praticien.

La fillette abandonne son exploration visuelle pour se recentrer sur Fabien.

— J'ai un cancer qui me tue doucement, il ne me reste plus beaucoup de vie… comme quand tu perds à un jeu vidéo. Une amie de maman a dit que tu racontais des histoires qui guérissent, que tu étais magicien aussi.

La façon dont elle lui annonce son état de santé le laisse pantois, elle regarde sans mot, son destin ; il est tracé et elle l'a accepté, intégré.

— C'est quoi pour toi la magie ? répond Fabien au bout de longues secondes.

— Voler, voyager dans le ciel. Ses réponses sont spontanées, elle arbore un large sourire à l'évocation de ces sensations.

Un flash lui rappelle combien la barrière est ténue entre le réel et l'imaginaire pour les enfants dans la tranche d'âge de Léa ; l'hypnose est un état plus naturel pour eux, ils sont plus suggestibles que les adultes. Une multitude de flashs reviennent furtivement à lui, lui apportant des bribes d'informations émanant de ses souvenirs de cours.

— Tu te sens comment actuellement ?

— Fatiguée… la chimio me fatigue tout le temps et parfois… elle marque un temps d'arrêt avant de reprendre à voix basse… parfois, je souffre beaucoup également.

Son visage vient de se fermer et elle regarde vers le bas, Julien comprend que cela semble difficile pour elle d'évoquer certaines choses liées à sa maladie.

— Comment c'est pour toi d'être fatiguée, comment cela se produit-il ?

— Souvent, je suis fatiguée sans savoir pourquoi, je sais que le traitement et ma maladie en sont la cause.

— Ça fait quoi pour toi ?

— D'être fatiguée tout le temps ?

— Oui, peux-tu m'en dire plus ?

— Je suis souvent fatigué donc je dors beaucoup ce qui m'empêche de sortir ou de pouvoir aller à l'école avec mes copines.

— Si tu devais travailler sur quelque chose qui t'embête, tu voudrais travailler sur quoi ?

— Je voudrais pouvoir me retrouver ailleurs quand je suis à l'hôpital.

Fabien continue d'échanger avec Léa ; il pense avoir déterminé son but, du moins, se rassure-t-il ! Il se persuade d'être parvenu, au gré de ses questions, à obtenir un maximum d'informations pour aider Léa à ajuster au mieux son objectif.

Fabien est parfaitement conscient de ne pas trop savoir où il en est ; certainement l'anamnèse la plus pourrie de toute sa carrière ! Mais abandonner la théorie pour se recentrer pleinement sur Léa avait été, paradoxalement, la meilleure décision qu'il ait prise aujourd'hui. Malgré les déconvenues que cela lui apporterait peut-être pour la suite de sa séance. Mais comme l'avait dit un de ses formateurs : « Les causes, on s'en fout, occupez-vous de la personne ».

— Qu'est-ce que ça te permettra de faire ?

— M'évader ! dit-elle avec un grand sourire.

— C'est quoi s'évader pour toi ?

— Partir dans ma tête.

— Et comment on fait pour partir dans sa tête ?

Fabien se rend compte combien sa posture est relativement défensive ; il n'est pas synchronisé avec sa cliente. Ses questions sont amenées trop froidement, il en est conscient. Immédiatement, sans pour autant changer brutalement d'attitude et attirer son attention, il se focalise plus sur son propre comportement pour se synchroniser sur Léa.

Mais avant tout, il ne perd pas de l'esprit qu'il doit se protéger, ne pas laisser émerger ses souvenirs. Les attitudes enfantines de Léa lui rappellent tellement sa fille ! Il ne peut se laisser dépasser par la situation.

Fabien doit garder la direction, le « leading » aussi bien dans son esprit qu'avec Léa. Plus la séance avance, plus l'exercice devient difficile et périlleux, tellement de choses se bousculent dans sa tête, dans son cœur. Il essaie de se recentrer, il réfléchit, a-t-il un autre rendez-vous après ? où en est-il du timing ? Rapidement, il se remémore son planning sur Doctolib ; derrière l'inscription de Julie Miera il y avait une annulation… il pourra récupérer respirer.

— On part en volant, dit-elle en fermant les yeux.

— Parfois en volant seul ou sur une licorne, ou comme un oiseau, mais toujours en volant loin de son corps.

— C'est quoi pour toi voler loin de ton corps, qu'est-ce que cela fait ?

— Laisser mes douleurs derrière moi dans mon corps.

— Et si tu es capable de faire cela, de changer, cela se manifesterait comment ?

Léa le fixe en fronçant légèrement les sourcils ; elle ne semble pas comprendre sa question.

Fabien assimile immédiatement que son vocabulaire est inadapté. Il se reprend instantanément tout en laissant s'échapper la théorie qui a accaparé son esprit, pour se recentrer sur l'humain. Il y a toujours une part d'imprévu dans une séance ; avec Léa, il sentait bien que les choses étaient différentes, les analogies qu'ils retrouvaient parfois chez ses autres clients ne définissaient pas l'ensemble de l'humanité, chaque personne étant différente, unique. Jamais cette évidence ne lui avait sauté aux yeux aussi rapidement depuis qu'il pratiquait ; il avait affaire à un être n'ayant pour ainsi dire aucune projection dans le futur à long terme et cela en pleine conscience. Le dieu Chronos avait lancé le cours de sa destinée. Fabien repensait fugacement à ses potes de lycée qui arboraient des sacs à dos avec des « No future » tagués au marqueur noir indélébile ; connerie de gamins qui n'avaient aucune notion de leur chance d'être en bonne santé, de pouvoir vivre sans épée de Damoclès…

— En fait si tu pouvais laisser comme tu l'as dit les douleurs derrière toi qu'est-ce qui se passerait pour toi ?

— Je me sentirais libre.

Au fur et à mesure qu'il progresse dans sa D.O[9], les réponses de Léa le surprennent, spontanées, sans filtre, des réponses de grande personne. Parfois, avec les adultes, les véritables raisons, les motifs exacts et la vérité sont plus compliqués à obtenir. Il y a souvent des choses difficiles à livrer, même quand on vient spontanément voir un praticien. Léa lui rappelle terriblement sa fille, pas physiquement, car Emilie était plus dodue comme il aimait la taquiner en lui pinçant les joues. Léa est toute fine, toute menue, la maladie l'a considérablement affaiblie.

Son cancer est relativement rare, une tumeur rhabdoïde extrêmement agressive qu'elle combat depuis plus d'un an. Elle connaît et explique parfaitement la forme particulière dont elle est atteinte ; elle ne représente que 1 à 2 % de l'ensemble des formes que peut revêtir cette terrible affection. Chez les moins de quinze ans, on retrouve plus de leucémies, de tumeurs du système nerveux central ainsi que des lymphomes. Malgré les progrès, deux enfants sur dix ne survivent pas à leur maladie. Elle lui explique qu'il y a 1700 enfants de moins de quinze ans qui sont diagnostiqués chaque année en France pour un cancer. Léa a un cancer du cerveau, une tumeur cérébrale. Son cancer avait tardé à être détecté et le protocole mis en place trop tardivement. La faute à personne, elle le savait, tant de mots d'adultes dans une bouche d'enfant. Les médecins ne pouvaient pas l'opérer, la tumeur étant inaccessible. Léa faisait de la radiothérapie plus précisément de la protonthérapie. Un traitement ultra précis pour

[9] Détermination d'objectif.

irradier sa tumeur qui est située en profondeur. Elle avait la chance, disait-elle, d'habiter pas très loin du centre Curie installé à Orsay, pour pouvoir bénéficier de cette technologie.

Fabien lui explique qu'en dehors des séances au cabinet, elle devra par la suite travailler de son côté. Plus elle utilisera les techniques mises à sa disposition, plus elles deviendront efficaces. L'auto-hypnose lui permettra également de progresser.

— J'ai souvent des maux de tête et des pertes d'équilibre comme si j'avais bu.

— Parce que tu consommes de l'alcool ?

— Ha bah, non, même pas, c'est ce que me dit maman quand je tangue, cela nous fait beaucoup rire toutes les deux.

Il commence à se synchroniser naturellement avec sa « cliente », il ne trouve pas le terme adapté pour parler d'elle, mais n'en voit pas d'autres pour le moment. Pour lui, l'échange est chargé d'émotion tandis que la petite parle très librement.

Fabien se rend compte qu'il faut maîtriser son timing et après avoir terminé sa D.O[10], il doit commencer sa séance d'hypnose avec Léa.

— Tu connais l'hypnose Léa ?

— Oui, j'ai vu Mesmer à la télé.

Fabien rigole à l'évocation de ce personnage médiatique ; beaucoup de ses clients y font régulièrement allusion, mais ce n'est là qu'une utilisation très limitée du vaste domaine d'application de l'hypnose.

— Tu fais pareil ?

— Nous n'avons pas le même champ d'application de l'hypnose.

— Nous ne travaillons pas sur la même chose si tu préfères, se reprend-il pour adapter son langage.

— Maman m'a dit qu'en travaillant sur une partie invisible dans mon cerveau parfois on pouvait faire avancer des choses, allez mieux, des histoires qui guérissent.

— Oui effectivement on peut les appeler comme cela, mais…

— Je vais mourir, tu sais… je ne peux pas guérir… on me l'a dit.

---

[10] Ibid.9.

Impossible de répondre à cela, sa répartie n'avait pas permis à Fabien de lui demander où elle avait entendu l'expression « les histoires qui guérissent » et comment elle l'interprétait.

Une boule monte doucement dans la gorge de Fabien, la sensation est tellement… désagréable. À nouveau en difficulté, il actionne son ancrage, toujours le même, celui qui lui permet de se réguler. Ce geste a tellement été travaillé, renforcé qu'il est d'une grande efficacité. Fabien parvient à contenir ses émotions, retenant les larmes qui étaient pourtant prêtes à perler sur son visage.

Léa perçoit qu'elle l'a touché, mais ne dit mot, la séance se poursuit, Fabien reprend le leading[11] et après lui avoir expliqué le mode de fonctionnement de son travail il débute un discours préhypnotique pour amener la petite vers l'état désiré, la transe. Elle est réceptive, mais ne « part » pas facilement, constate-t-il. Fabien sait l'importance de la première séance ; parfois, il y a une sorte de lutte, une résistance volontaire ou involontaire… Comme si le sujet voulait, consciemment ou non, mettre la méthode à l'épreuve. Pour aider Léa, il lui a préparé quelques petits exercices, dont un devrait particulièrement lui plaire.

Il commence par un exercice de saturation consistant à faire plusieurs choses simultanément pour submerger son esprit et éliminer les résistances. Fabien lui demande de dessiner devant elle un rectangle avec son index gauche… il doit être parfait… Puis un triangle avec son index droit ; chaque fois qu'il claque des doigts, elle doit changer de sens. Léa se retrouve vite en difficulté de ce qu'il met à profit pour la faire descendre encore plus en transe en ajoutant l'apparition de couleurs. Les signes hypnotiques extérieurs deviennent patents… clignement des paupières, mouvement incontrôlé de doigts, etc.

Pour l'amener encore plus loin, il enchaîne par une association (sensation interne) dissociation (en dehors de l'expérience). Elle qui désire tant voler, il va l'aider…

[11] Reprendre la main sur sa séance.

— Maintenant, tu vas imaginer ton corps dans la pièce, assise sur le fauteuil… tu peux sortir de ton corps pour l'observer. … et commencer par la suite à te déplacer dans la pièce et regarder les différentes parties du bureau. Tu peux flotter dans l'espace du bureau, voler. D'abord, tu planes dans la pièce puis tu peux commencer à sortir et aller te balader ailleurs dans le bâtiment, dans la salle d'attente dans les couloirs et t'approcher de la sortie pour évoluer dans la rue.

Fabien met toute son énergie, toute son âme dans son intonation et sa posture ; il fait vivre son récit. Léa est « complètement dedans », pense-t-il ; son expérience ne le trompe pas… il sait qu'elle voyage.

— Pour commencer à monter dans les airs, comme portée, poussée par le vent, tu peux maintenant voir le quartier, les contours de la ville et poursuivre ton ascension toujours en volant au gré du vent et de tes envies. Voler toujours plus haut de façon à voir les villes qui se trouvent à côté de Paris tout en te rapprochant de plus en plus des nuages.

— Et tu vois, je me demande comment c'est les nuages ? Est-ce que c'est crémeux… ou comme du coton ? Est-ce que c'est… humide ? Prends le temps de le découvrir… de le sentir… avant de continuer ton ascension.

Visage levé vers le plafond, Léa arbore un large sourire ; son visage oscille légèrement…

— Et tu vas voir… au-dessus des nuages, il y a toujours… le soleil… peut-être sens-tu la chaleur de ses rayons sur la peau de ton visage. … Prends le temps d'apprécier ce moment avant de continuer ton ascension… ta montée plus haut dans le ciel. Et plus tu montes et plus tu distingues le relief de la terre, les différentes villes, les pays, les continents, les mers et les océans.

— Tu vas voir… quand on commence à monter de plus en plus… on distingue la limite entre le ciel et l'espace ;… tu arrives à cette barrière… tu sais… cette limite entre le ciel et l'espace… Et tu la franchis pour arriver dans l'espace et te sentir flotter en apesanteur… Tu sais l'apesanteur… c'est ce qui te permet de flotter avec les étoiles. Prends le temps de profiter de cet instant magique.

— Maintenant, tu vas revenir… doucement… vers la terre… repasser cette barrière… revenir dans le ciel et voler. Tu te laisses descendre en planant… accompagnée par les rayons du soleil qui chauffent ton dos alors que tu te rapproches de plus en plus de la terre… tu en distingues les différents contours… les pays… les villes… les mers… tu vas de nouveau traverser les nuages… pour te retrouver dans le ciel au-dessus de la ville… puis au niveau du quartier… tu continues à t'approcher de la rue… du bâtiment… pour revenir dans le bureau… et t'approcher de ton corps sur le fauteuil… et revenir dedans… assise.

Fabien continue sa séance pendant une dizaine de minutes, qui ne sont pas une sinécure, avant de récupérer Léa en la faisant revenir « ici et maintenant » ; elle s'étire de tout son long… son visage semble tellement apaisé !

— Ça va ?

— Ouiiiiiiiiiiiiii, bâille-t-elle en tendant bras et jambes.

Elle croise les mains vers l'avant et s'étire comme au réveil. Tout en l'observant, Fabien lui laisse le temps de « revenir », à son rythme. Il a toujours beaucoup travaillé ses inductions afin d'en posséder un large panel lui permettant de s'adapter le plus possible à ses clients, sans pour autant s'en enorgueillir. Lors de sa formation, ses professeurs ergotaient constamment pour l'aider à se perfectionner. Il savait plutôt bien maîtriser cette phase primordiale du processus. Il devait posséder parfaitement son sujet ; l'idée même de ne pouvoir gérer lui était insupportable. Il savait parfaitement s'adapter et parfois même innover. Mais ici, avec Léa, il avait le sentiment de se retrouver « sans filet ». Son manque de connaissance du travail avec les enfants le mettait en fâcheuse posture ; lui, si pointilleux, allait devoir constamment s'adapter au fil des séances.

— C'était merveilleux, j'ai volé, j'ai voyagé, j'ai vu plein de choses de ouf, dit-elle en rigolant.

— J'ai même goûté les nuages !

— Quel goût ont-ils ?

Et Léa de répondre, dans un large sourire…

— Heuuuu… aucun en fait… c'est de la barbe à papa sans goût.

La séance se termine. Fabien raccompagne Léa près de sa maman.

— Ça va, ma chérie ?

— Oui maman c'était trop, trop bien.

— Tu peux attendre ta maman deux minutes dans la salle d'attente ? Il faut que je lui parle.

— Oui, bien sûr, je vole encore.

Fabien ferme la porte derrière Julie et l'invite à s'asseoir.

— Vous allez bien ? Vous avez l'air éprouvé.

Il marque un temps de réflexion avant de répondre.

— Oui, c'est le cas, je dois avouer ; ceci dit, la séance s'est bien passée en dépit du refus initial de Léa.

— Vous allez continuer ?

Elle le lui demande avec une intonation proche de la supplique.

— Quand je commence quelque chose, je vais jusqu'au bout, madame.

— Je peux vous poser une question indiscrète ?

Il inspire profondément avant de souffler doucement, il connaît déjà la question.

— Pourquoi vous ne vouliez pas travailler avec les enfants ?

— Je ne vous avais pas répondu ? dit-il.

— Vous alliez le faire, je me trompe ?

Julie semble avoir retrouvé le sourire, elle a l'air plus sereine depuis qu'elle a vu Léa sortir du cabinet en rigolant.

— J'ai perdu ma fille de neuf ans il y a quelques années, elle s'est…

Il sent venir les larmes… il avale sa salive pensant les retenir ! … il est trop tard… elles s'échappent en force perlant doucement sur sa joue avant de s'écraser sur le sous-mains du bureau.

— Elle s'est étouffée lors d'un repas au restaurant, le truc… tellement improbable… Je n'ai rien pu faire et les secours ont trop tardé… Le comble pour un pompier professionnel que de ne pas être capable de sauver les siens !

Elle le regarde fixement… ses yeux reflètent la tristesse, la compassion sincère. À une autre époque, elle en aurait pleuré, mais plus aujourd'hui.

Fabien ne sait pas ce qu'elle va lui répondre… et d'ailleurs va-t-elle le faire ?

— Léa n'en a plus que pour quelques mois… trois ou quatre… peut-être plus… peut-être moins… son cancer est de plus en plus fort.

Et après un long silence…

— Aujourd'hui, elle va mieux… j'imagine qu'elle était tellement contente de venir que cela l'a boostée.

Toujours perturbé, Fabien parvient à reprendre le dessus, du moins pour le moment…

— Je lui ai demandé la durée sur laquelle elle envisageait le changement… l'amélioration ; elle m'a répondu : « immédiatement »… j'ai compris où elle voulait en venir… elle fait preuve d'une grande maturité, mais cela, vous le savez.

— Oui, elle a grandi rapidement, c'est tellement… terrible, ce n'est qu'une enfant.

Il l'observe tout en gardant une expression de neutralité, sans compassion ni pitié. Fabien se contente de la regarder, sans lui répondre ; d'ailleurs, il n'y a certainement rien à dire.

— Je reprends rendez-vous quand ?

— Laissez-la en juger… Mais une fois par semaine, c'est bien… ou au moins espacer les séances de trois jours… nous ferons en fonction d'elle.

— Je vous remercie.

— Vous pouvez assister aux séances, vous la connaissez par cœur… je pense que cela peut l'aider également.

— Elle souhaite être seule pour ses séances. Je suis présente pour tous ses examens médicaux, mais peut-être souhaite-t-elle que les séances d'hypnose soient plus… personnelles ? Je ne sais pas en fait… Mais je respecte son choix.

— Ok, je comprends parfaitement.

Fabien raccompagne Julie dans la salle d'attente, Léa se lève pour rejoindre sa mère et dire au revoir à son praticien, puis elles s'éloignent toutes deux en direction de la sortie. Fabien les regarde depuis le pas de porte de son bureau. Léa marque un temps d'arrêt avant de se retourner pour le regarder. Sa maman s'arrête également et pose sur elle un regard surpris. Elle lâche sa main et court rejoindre Fabien ; elle l'étreint brièvement, mais avec force, avant de repartir, aussi vite qu'elle était accourue, reprendre la main de sa mère. Il est complètement déstabilisé par la marque d'affection de cette petite fille qu'il connaît à peine ; la séance a dû lui faire beaucoup de bien pour qu'elle lui signifie à sa façon sa reconnaissance. Quand il referme la porte de son bureau derrière lui, son visage est couvert de larmes, il glisse lentement contre la porte avant de s'asseoir à même le sol. Le visage entre ses mains, il essaie de reprendre le dessus, relève la tête et l'appuie contre la porte. Il n'a jamais trop cautionné ce comportement, il n'aime pas subir sa faiblesse, cette détresse, pourtant pleurer le soulage…

VIII

Léa est assise dans la voiture qui la ramène chez elle ; les yeux rivés sur l'extérieur elle regarde défiler le paysage qui s'offre à elle par la fenêtre de la voiture. Le toit panoramique lui permet de profiter du ciel. Il fait beau, quelques nuages blancs persistent néanmoins, parsemés dans l'azur, immobiles en l'absence de vent. Julie, sa maman, passe son album préféré du moment, celui de Justin Timberlake. « Un beau gosse qui danse trop bien » d'après Léa. Après cette séance, perdue dans ses pensées, elle continue de se sentir légère. Une accalmie, une bouffée d'oxygène dans sa vie tristement réglée par la maladie… Une fin de vie qui s'est présentée à elle plusieurs décennies trop tôt. Des maux de tête de plus en plus persistants l'avaient conduite chez le médecin qui avait tenté d'en déterminer la cause.

De fil en aiguille, les mois sont passés rapidement, entre les grandes vacances et le délai relativement important pour obtenir un rendez-vous de scanner. Ses parents avaient dû en repousser la date en raison de leurs contraintes professionnelles, sans parler de ce déplacement inutile alors que l'appareil était en maintenance. Léa avait consulté un ophtalmologiste qui lui avait prescrit des lunettes pour corriger une petite myopie qui aurait pu être la cause de ses douleurs. Mais rien n'avait changé ; ses maux de tête s'étaient accentués subitement, l'empêchant d'aller en classe tant la douleur était intense, violente. Sa maman s'était affolée quand des vomissements s'étaient associés aux douleurs. Le médecin généraliste avait dû faire le forcing pour que Léa puisse bénéficier d'un examen en urgence.

Elle se souvient parfaitement de ce premier scanner… terrifiant !

Comme toujours, sa maman était présente ; elle lui parlait pour tenter de la rassurer, mais sans toutefois y parvenir. La gentillesse du personnel hospitalier n'avait pas réussi à la tranquilliser. Cette grande pièce froide et bruyante l'avait traumatisée ; même les nuages en photo au plafond n'avaient pas réussi à embellir l'endroit. La douleur qu'elle avait ressentie lors de l'injection l'avait fait pleurer.

La chaleur du soleil qui réchauffe sa peau à travers les vitres de la voiture lui rappelle la sensation procurée par le produit de contraste qui avait envahi son corps lors de l'injection. Ce jour-là, la peur avait surpassé la douleur. Quand le plateau de l'appareil sur lequel elle était allongée avait commencé sa lente progression vers le tunnel d'examen, cette espèce de « donuts » géant, Léa avait senti son cœur s'emballer et sa respiration s'accélérer.

Elle se souvenait parfaitement du bruit de l'appareil ; les bouchons d'oreilles et le casque antibruit qui diffusait une musique d'un autre temps étaient bien dérisoires par rapport aux sons de la machine tantôt aigus… tantôt sourds. La proximité avec la paroi du scanner avait généré une profonde angoisse ; Léa avait l'impression d'être dans un tube, une espèce de cercueil blanc. Impossible de garder les yeux fermés pendant toute la durée de l'examen. Elle avait beau appliquer les consignes du médecin : bien respirer pour se calmer et surtout ne pas bouger, rien n'y faisait, elle se sentait oppressée.

Avec le recul et l'expérience de tous ces examens, elle savait que l'infirmière l'avait bien piquée ; d'autres expériences ultérieures, bien plus douloureuses le lui avaient confirmé. Cependant, elle n'arrivait toujours pas à aborder le scanner sereinement. Quand le médecin avait convoqué sa maman dans son bureau, il avait un air sévère, grave, comme monsieur Marcinelle, le directeur de son école quand il n'est pas content. Et personne n'aimait avoir affaire à lui quand il était en colère.

Assise sur son siège, elle écoutait sans trop comprendre les mots qu'utilisait l'homme en blouse blanche, tumeur, chimiothérapie, urgence. Léa n'a jamais oublié le visage horrifié de sa mère, les traces des larmes qui coulaient sur ses joues, ses sanglots qu'elle ne parvenait pas à contenir pour essayer de faire bonne figure devant sa fille.

Ce jour-là, sa vie avait basculé.

IX

Quand Fabien termine sa journée, il est exténué, vidé ; après la séance avec Léa, il a enchaîné avec ses autres clients. Heureusement pour lui, il avait une petite heure creuse pour se remettre de ses émotions.

Annie vient le voir en fin de sa journée ; leur planning commun permet d'accéder à tous les rendez-vous de l'ensemble du cabinet afin de pouvoir ouvrir et fermer les locaux sans se préoccuper de la présence de l'autre. Elle ouvre brusquement la porte de son bureau sans prendre la précaution de frapper au cas où. Fabien est assis face à la fenêtre ; il détourne à peine le regard quand il décèle la présence de son amie au seuil de sa porte.

Annie s'approche de lui, s'accroupit près de son fauteuil et pose la main sur son avant-bras.

— Ça va ?

— J'ai l'impression que c'est arrivé hier… J'ai tout repris en pleine gueule à la vue de cette gamine, sans rien voir arriver. Absolument tout ce que j'évite depuis des années m'est tombé dessus en une seconde.

Elle ne dit mot et écoute son ami dont elle connaît bien l'histoire. Sans jamais qu'il ne lui ait parlé de son ressenti et tous les maux qui le hantaient depuis la mort de sa fille. Mère de famille, Annie sait pertinemment que jamais elle ne pourra partager sa souffrance face à un tel drame.

— Maintenant, je me retrouve à aider une petite qui a un sablier au-dessus de la tête, une épée de Damoclès. Pour tout te dire, je ne sais pas où je vais.

Fabien se passe la main dans les cheveux tout en soufflant profondément.

— Quand la petite est sortie du bâtiment, elle a dit à sa mère qu'elle avait volé pendant la séance… son rêve d'enfant depuis toujours… et que tu étais un magicien. Pour être honnête, et tu sais que je le suis, j'ai rarement vu une enfant aussi excitée en racontant une expérience.

— Pour le coup, je n'ai pas de pression de résultats, répond-il en rigolant légèrement.

— Arrête de parler comme cela Fabien… ce n'est pas toi… Et tu le sais.

— Ce n'est pas le premier patient que tu traites avec une épée de Damoclès au-dessus de la tête.

— Rien à voir, tu le sais, ce n'est pas pareil !

— Explique-moi ce qui change ? C'est une petite fille, oui effectivement ! Mais ton travail reste le même… Adapte-toi le plus possible à elle pour l'aider à terminer sa vie… Accompagne-la… accompagne-les. Combien de fois m'as-tu dit que tu accompagnais et soignais une personne pas une maladie… tu sais faire !

Elle connaissait bien son ami et savait utiliser le poids des mots pour l'atteindre. Annie avait parfaitement raison, Fabien ne pouvait le nier. Perdu dans ses pensées, il se revoit accroupi dans la salle d'attente et appeler la petite, sa cliente suivante. Cette phrase était sortie toute seule, il avait même l'impression de ne pas l'avoir prononcée lui-même tellement il avait été déconcerté par ses mots. Comme si son co-pilote, sa partie inconsciente, avait pris l'initiative de passer outre sa volonté. Il en était toujours perturbé.

— On va prendre un verre ce soir, tu viens avec nous ?

— Merci, mais pas ce soir, j'ai un rencart avec une nana, mais je ne suis pas sûr d'y aller.

— Vas-y, ça te fera du bien de sortir. Elle se relève et quitte le bureau, abandonnant Fabien à ses pensées… « Belle soirée. »

— Merci à vous aussi.

Il est dix-neuf heures quand il quitte son local pour se diriger à pied vers la rue de la roquette proche de Bastille. Le temps est maussade, la pluie commence à tomber de plus en plus, un temps de mois de novembre début septembre, se dit-il. Quelle poisse, le vent pousse de grosses gouttes quasiment à l'horizontale l'obligeant à incliner son parapluie pour parer l'averse. Lorsqu'il arrive au café où il a rendez-vous, il constate dans le reflet de la porte d'entrée qu'il a vraiment une sale tête. Il l'imputera à un surcroît de travail associé à une mauvaise nuit.

Johanna lui fait signe de la main ; elle est assise au fond de la salle, sur une chaise haute accolée au comptoir. Apprêtée comme à son habitude, elle porte un jean gris coupé slim et des chaussures à talons qui terminent de sublimer ses longues jambes. Un petit chemisier blanc parfait son ensemble qui ne manque pas d'attirer les regards.

Toujours dans un état second, Fabien, à sa grande surprise, ne l'embrasse pas et s'installe sur la chaise vacante à ses côtés.

— BONJOUR JOHANNA, lâche-t-elle sèchement.

— Pardon, excuse-moi pour cette impolitesse… J'ai eu une journée… éprouvante et riche en émotions, désolé.

— Il n'y a rien de défini entre nous et je le sais… lui dit-elle, je peux parfaitement comprendre que tu annules… je préfère même ça à une mauvaise soirée.

Fabien a besoin de tout sauf de cela, même s'il l'a cherché…

Johanna est une infirmière que lui a présentée un de ses copains. Ils se fréquentent de temps en temps pour passer une soirée tranquille qui a toujours la même finalité. Son amie est très agréable, cultivée, et se passionne pour le sport qu'ils pratiquent tous deux sous forme de course à pied. Hormis cela, il n'arrive pas à se projeter avec elle, en même temps il n'en a pas l'envie ; la personne importe peu finalement.

Fabien collectionne les aventures sans lendemain depuis des années, pourtant de belles rencontres se sont souvent présentées, mais les éventuels projets matrimoniaux ne sont pas pour lui ; le désir d'une quelconque vie de couple s'estompe même au fil des années.

Objectivement, il aurait pu se caser plusieurs fois s'il en avait eu envie. Les femmes avaient d'ailleurs tendance à plus s'accrocher quand il ne manifestait pas plus d'intérêt que cela pour leurs relations. Quoi qu'il en soit, c'est une réalité qui fonctionne dans les deux sens ; il reçoit beaucoup de clients qui, sans distinction de genre, cherchent à avancer suite à une relation de ce type.

Fabien aime les soirées sympathiques, légères, sans prise de tête et n'hésite pas à rentrer « fatigué »… l'éthylisme ponctuel l'accompagne pour s'assoupir encore plus rapidement, l'esprit plus libre et moins futile. La nuit était devenue son… ennemie, ennemie malheureusement indispensable, intime, avec laquelle la confrontation est inévitable. Pourtant, paradoxalement, Fabien n'a pas de difficulté pour s'endormir. Ce qui est déjà en soi une bonne chose ; l'expérience et les divers outils professionnels dont il dispose lui permettent de partir rapidement dans les bras de Morphée[12]. Ses rêves, malheureusement, reviennent quotidiennement et ne sont pas une sinécure…

Sa fille n'apparaît jamais dans ses songes, bien qu'il pense souvent à elle, tous les jours même, mais elle n'habite jamais son sommeil. Depuis des années, il fait toujours le même rêve sans une quelconque modification, ni même la moindre évolution.

Son petit apéro avec Jo lui fait du bien ; la bière aidant, la sensation de mal-être qui l'a embarrassé toute la journée s'estompe progressivement. Johanna connaît son histoire et Fabien ne l'évoque jamais. Quand ils se voient, c'est uniquement pour passer du bon temps, un apéro puis un bon repas en discutant de nombreux sujets, mais principalement de sport, d'entraînement et de projets de compétitions. Elle est séparée depuis deux ans ; les situations conflictuelles avec son ex-mari pour la garde des enfants lui bouffent la vie. Quand elle sortait, Jo ne pensait égoïstement qu'à son bien-être. C'est certainement pour cette raison qu'elle s'est toujours abstenue

[12] Dans la mythologie grecque, Morphée est une divinité des rêves prophétiques. Il serait le fils d'Hypnos (le sommeil) et de Nyx (la nuit) chargé d'endormir les mortels.

d'être intrusive avec lui. L'ambition d'une relation suivie avec Fabien était inopportune.

Ils regardent la retransmission d'un match de foot en continuant de parler de Marathon. C'est dans cet état d'esprit qu'ils se dirigent vers le petit restaurant japonais où ils aiment se retrouver pour dîner. La pluie a enfin cessé, mais les canalisations engorgées n'ont pu évacuer l'excédent d'eau qui s'accumule sur la route et le long des trottoirs, les contraignant à progresser en zigzag pour éviter les flaques sur l'asphalte.

La salle de restaurant est presque complète, les intempéries ayant dissuadé les clients de s'installer en terrasse. Fort heureusement, Fabien avait pris soin de réserver. Une fois installés, la soirée reprend son cours devant un plat de sushi et autres spécialités qu'ils partagent avec plaisir ; il est bien plus de 23 h quand ils se retrouvent dans la rue.

— Tu utilises ton moyen de déplacement écoresponsable, j'imagine ? Je te dépose ? lui dit-elle d'un air badin. Il semble hésiter, la fatigue de sa journée et l'alcool ont eu raison de lui.

— Avec plaisir, Johanna, avec plaisir.

Encore une réponse qui sort de nulle part, se dit-il… la deuxième du jour. La scène de la salle d'attente lui revient d'un coup. Lui qui avait occulté toute sa journée depuis qu'il était avec Jo reçoit l'ensemble en pleine face en une fraction de seconde. Elle le regarde dans les yeux et pose ses lèvres sur les siennes ; la pluie reprend de plus belle interrompant ce moment de… rapprochement social. C'est partiellement abrités sous son parapluie qu'ils regagnent la voiture de Jo par chance stationnée à deux rues.

Le bruit des gouttes sur l'habitacle est assourdissant, la visibilité est nulle.

Sitôt les portes fermées, elle se jette sur lui ; les deux amants s'embrassent tendrement. Jo passe sur le siège passager de son Quasquai à califourchon sur Fabien. La température monte très vite dans l'habitacle et une épaisse buée vient se figer sur les vitres. Elle défait sa ceinture et libère les boutons de son pantalon avant de prendre… les choses en main. L’étreinte est forte et douce à la fois ; c’est le visage entre ses seins qu’il entend la sonnerie de son portable l’avisant d’une réinscription pour un autre rendez-vous… la sonnerie des clients actuels… or aujourd’hui, tout le monde avait déjà fixé une autre date… Sauf Madame Miera, la maman de Léa.

X

Léa dort depuis longtemps, elle a appris à se coucher tôt depuis qu'elle a développé sa maladie. Cette nuit est une nuit particulière pour la petite fille qui a pu s'endormir sereinement. La tête pleine d'images et de sensations positives. Dans ses songes, elle vole au-delà des nuages et au-dessus des nuages il y a toujours, le soleil…

Sa maman repose le téléphone ; Robin, son mari, est assis à ses côtés le regard dans le vide. En l'observant, elle sait pertinemment qu'il ne regarde pas la télé. Son visage est figé vers la source de lumière, mais son esprit est ailleurs. Mais où ?

— J'ai repris un nouveau rendez-vous avec le praticien en hypnose.

Robin ne bouge toujours pas… La situation est de plus en plus difficile pour Julie. Gérer sa fille et son mari en même temps est un véritable fardeau. Pour Léa, Julie a besoin qu'il soit présent et l'aide quotidiennement. Il semble complètement dépassé par cette situation, malgré les remarques incessantes de sa femme qui essaie de l'associer pleinement à la prise en charge de leur fille.

— Tu sais le rendez-vous où nous sommes allées ce matin.

— Oui, pardon… je… j'étais ailleurs… tu me disais.

Julie est à bout, elle ne sait plus quoi faire et n'attend plus que le moment opportun pour le secouer ; elle doit mettre en place bon nombre de mesures appropriées pour gérer le quotidien de sa fille et a besoin de lui pour l'épauler.

— Tu as écouté tout ce que t'a dit ta fille quand elle est rentrée ? Tu sais la séance qu'elle t'a décrite avec minutie avant le repas, des étoiles pleins les yeux.

— Oui, elle a été malade pendant le repas, elle n'avait pas faim d'ailleurs.

— JE NE TE PARLE PAS DE CELA, ROBIN !

Elle se repose brusquement en arrière dans le canapé, consciente d'avoir élevé trop fort la voix.

— Putain ! mais réveille-toi, tu devrais arrêter de prendre tous ces médocs qui te brouillent le cerveau. Léa en prend suffisamment, tu ne trouves pas ?

— Je peux pas, j'en ai besoin.

— Besoin pourquoi Robin, pour quoi ?

— Pour oublier.

Furieuse, elle se retourne exaspérée en lui bousculant l'épaule de la main. Surpris par ce comportement inhabituel chez sa femme, il se tourne pour la regarder.

— Oublier quoi ? qu'elle va mourir, mais putain, tu vois pas que tu es en train d'oublier qu'elle est là !

— Mais je ne suis pas…

— Pas quoi ? pas bien peut-être ? Mais qui est malade ici dans cette maison ? toi ou ta fille ? Arrête de pleurnicher et reprends-toi… Reprends-toi… ou pars… je n'en peux plus de cette situation de merde où je dois tout gérer.

Recroquevillée sur elle-même, elle le fixe droit dans les yeux.

— Ok demain j'arrête les cachets… répond Robin en se levant « … bonne nuit, je vais me coucher. »

Elle le regarde partir comme un zombie en direction de la chambre à coucher. Pendant qu'il monte, ou plutôt qu'il gravit péniblement des escaliers qui bougent dans sa tête, Julie se lève les mâchoires serrées. Elle se dirige vers la cuisine où elle prend les boîtes de médicaments de son mari pour les balancer à la poubelle, avant de se diriger vers les escaliers pour monter à son tour. Elle gravit les premières marches, marque un temps d'arrêt puis rebrousse chemin pour retourner à la cuisine. Elle récupère les cachets dans la poubelle, sans leurs emballages, et les jette dans les toilettes ; elle les regarde disparaître en tournoyant dans le flot libéré par la chasse. Les médicaments ne détruiront pas toute sa famille.

XI

Il est 9 h quand il ouvre les yeux, le réveil est… difficile. La soirée a plutôt mal fini même s'il a sauvé les apparences avec Jo. Une belle journée de m… qui se terminait plutôt bien dans la voiture, jusqu'à cette légère et quasi imperceptible sonnerie qui l'avait renvoyé dans ses tourments.

Elle l'avait déposé un peu plus tard devant chez lui. Et à sa grande surprise, il lui avait proposé de finir la nuit en sa compagnie. Le grand schlem de la journée, lui qui dormait toujours seul… Jo avait hésité avant d'accepter l'invitation et l'avait quitté discrètement à 7 h du matin sans faire de bruit. Une fois chez lui, elle avait continué d'être entreprenante. Fabien était rincé… quelle santé ! Cumulé avec sa rude journée, il était cuit et allait s'offrir le luxe de traîner au lit. Pas de sport ce matin.

10 h 30 son réveil sonne, ou plutôt la sonnerie qui précède un rendez-vous ! Encore plus fatigué qu'à son premier réveil, il émerge rapidement pour regarder son smartphone.

— Alarme rendez-vous footing Vincennes, lit-il. Merrrrrrde… le footing yoga de Sandrine !

Il consulte sa montre machinalement, pour être à l'heure il faudrait qu'il cavale à fond autant dire que cela est inenvisageable ce matin. À défaut de pouvoir, il n'en a pas envie ;il poste un SMS à son amie pour s'excuser de son absence, et se lève pour aller se doucher. Comme toujours, un des meilleurs moments de la journée. Fabien baisse la température de l'eau pour se rafraîchir, se tonifier le plus possible. Il a vraiment une salle tronche, constate-t-il dans le reflet de la vitre de sa cabine de douche.

C'est légèrement plus alerte qu'il se dirige vers la cuisine, une serviette autour de la taille. Pendant que le café coule, il prépare des œufs sur le plat. Il fait beau aujourd'hui, le soleil brille dans un ciel bleu sans nuage, rien à voir avec le temps de chaotique de la veille.

Il déjeune tranquillement en pianotant sur son smartphone ; c'est en consultant ses mails qu'il reçoit le message de Sandrine. « Dommage, il y avait madame Miera en plus, la maman de Léa. »

Fabien repose son téléphone en le jetant à moitié sur la table. Il se passe les mains sur le visage tout en soufflant.

— Putain, ça ne va pas s'arrêter ! Sa voix est pleine d'amertume.

Dans le bois de Vincennes, Julie assiste à la séance de Sandrine ; elle a réussi à venir avec son mari. Assise dans l'herbe, elle regarde Robin s'essayer aux exercices de yoga ; il a clairement meilleure mine sans les médicaments. Comment peut-on prescrire ces merdes qui détruisent le cerveau et annihilent les pensées, pensa-t-elle rageusement, puis elle se souvint des effets plutôt positifs de ce traitement à son début.

À la sortie du scanner qui avait diagnostiqué la tumeur de sa fille, Julie était dépassée. Léa avait mal vécu l'examen et ne comprenait pas la discussion à laquelle elle avait assisté dans le bureau du médecin. Deux mots avaient marqué son esprit : tumeur et chimiothérapie ; elle ne cessait de demander des explications. Julie qui essayait de joindre son mari s'était énervée contre elle. Quand elle avait eu Robin au téléphone, il était en pleine réunion d'entreprise. Obnubilé par son travail l'examen de sa fille lui était sorti de l'esprit. D'un naturel plutôt optimiste, il était persuadé que les maux de tête allaient partir d'eux-mêmes.

S'il répond de façon détachée à sa femme, il comprend très vite son erreur. Julie lui étale en quelques mots le diagnostic sans appel du médecin et Robin sent le sol se dérober sous ses pieds.

La violence des mots le déstabilise totalement… il est sidéré. Son regard perdu dans le vide, son attitude stoïque avaient interpellé ses collaborateurs conscients qu'un fait inhabituel venait de se produire.

Sa réponse avait scotché sa femme : « Ha ok, on en parle quand tu rentres. »

Julie avait commencé à hausser le ton avant de se raviser pour Léa. Par la suite, elle devrait prendre la direction de l'entreprise de son mari, animé par la colère et la douleur.

Son entrée avait été plutôt remarquée ; sans un mot, portant Léa dans ses bras, Julie avait traversé l'open Space sans s'arrêter pour se rendre au bureau de son mari.

Ouvrant la porte d'un coup sec, le visage bouffi par les larmes, elle avait découvert Robin assis, le regard dans le vide, les yeux embués de larmes. Julie était restée silencieuse dans l'encadrement de la porte. Elle venait de comprendre qu'elle devrait également l'aider.

— Julie, Julie, tu m'entends ? on a changé d'exercice ma grande.

Julie sort de sa torpeur, Sandrine la regarde avec un grand sourire ;

— Oui, pardon, excuse-moi.

Elle porte son attention sur son mari qui essaie, tant bien que mal, d'exécuter la nouvelle position adoptée par la prof de yoga ; il ne dit rien et semble parfaitement concentré. Ils n'avaient pas partagé de moment ensemble depuis des semaines. Léa avait lourdement insisté pour qu'il suive Julie. Depuis qu'elle avait eu cette discussion houleuse avec lui, Robin avait renoué sa complicité avec sa fille. Ses idées étaient plus claires sans les médicaments. Toutefois, Julie savait pertinemment qu'il devrait être assisté plus lourdement après le départ de Léa, mais pour le moment elle était toujours là. Léa avait besoin de la présence de ses deux piliers.

XII

La semaine de Fabien s'est terminée tranquillement, calmement même. Il attend et redoute son prochain rendez-vous avec « la petite ». Lundi 17 heures zéro zéro, rien que d'y penser, il sent une certaine angoisse l'envahir. Il n'avait pas ce type de problème d'habitude... Hormis, bien sûr, son fameux rêve qui survenait de plus en plus régulièrement sans savoir ce qui pouvait le déclencher, et son problème avec tout ce qui touchait aux enfants dont l'âge correspondait à celui de sa fille.

« À part cela, tu n'as aucun problème... » lui avait dit Alexandre son ami et mentor « ... tout va bien... tu es parfaitement bien, tu fais un rêve qui ne te perturbe pas du tout et c'est parfaitement normal de fuir des enfants de moins de dix ans depuis des années ; tout est normal, n'y pense pas trop tous les soirs en te lavant les dents ». Fabien se souvient de sa réponse qui, avec le temps, lui paraît tellement naïve « Mais alors... penser à quoi ? ». Tout simplement « À venir en parler avec un praticien Fabien, quand tu seras prêt. »

Prêt, il ne l'était pas, Alexandre avait raison, il le savait parfaitement, mais pour lui l'épreuve était trop dure, trop vive ; adopter une stratégie de fuite, d'évitement, était plus facile.

Il doit retrouver Johanna pour un footing d'une heure dans le bois. Ponctuelle, elle arrive en tenue de sport avec un petit sac pour pouvoir se doucher chez lui à l'issue. Puis ils partent en petite foulée pour un parcours d'un peu plus de dix kilomètres ; la température extérieure est parfaite... il ne fait qu'une quinzaine de degrés... l'idéal pour courir sans avoir trop chaud.

À mi-parcours, elle lui demande de venir un peu plus dans le bois pour un besoin pressant ; à peine à l'abri des regards, elle se jette sur lui. Johanna est décidément une jeune femme très surprenante, cette attitude n'est pas pour lui déplaire. La fin du footing se fera moins rapidement que prévu ; l'intermède a légèrement éreinté les deux amants qui se retrouveront plus tard sous la douche pour terminer cette séance par un autre exercice.

La proche échéance du lundi fait s'installer un malaise sous-jacent de plus en plus prégnant. Quelque chose le gêne, une sorte de contrainte abdominale, qu'il a du mal à décrire. Très probablement la somatisation de son anxiété, de son stress.

Son week-end se termine plutôt paisiblement ; Johanna a bien réussi à s'incruster, pensa-t-il en souriant. Elle est vraiment sympa. Mais il n'a pas envie de se projeter pour le moment… un moment qui dure depuis un certain nombre d'années déjà… Fabien est conscient que cette mise à l'écart sentimentale et sociale ne peut que lui porter préjudice à long terme.

Dimanche soir, il se retrouve enfin seul dans son appartement. Une de ses amies lui a conseillé « Freud », une série sur Netflix qui traite de l'hypnose. Les premiers épisodes ne l'enchantent guère. Pour le coup, il a du mal à accrocher, certainement un lien avec sa profession qu'il ne trouve pas spécialement mise en valeur. En même temps, en remettant les choses dans leurs contextes, la série n'était pas si mal que cela, mais il avait préféré repartir sur « Viking » qui donnait nettement moins à réfléchir. Fabien se laissait porter par les aventures et les conquêtes de Ragnar Lodbrok avec grand plaisir.

Objectivement, il faisait tout pour ne pas penser au lendemain. Quand il se couche vers minuit, éreinté par son, ou plutôt ses activités sportives de la journée, il a des images de Vikings et de pillages plein la tête.

Fabien est dans un couloir vêtu de sa tenue réglementaire, casque, appareil respiratoire et tous les équipements de protection individuelle d'un soldat du feu. Il avance toujours dans ce brasier total dans lequel il est normalement impossible d'évoluer. Aucun élément ne lui permet de distinguer s'il avance dans une maison ou un appartement. La chaleur, insoutenable, le fait « cuire » sous sa tenue, pourtant il avance encore et encore vers cette porte au bout du couloir. Cette porte qui se bombe et se déforme sous l'effet de la chaleur.

Fabien est toujours subjugué par la magnificence des flammes qui roulent sur le plafond en se rependant comme un liquide. Une eau de feu tournoyante qui se propage se repend avec fluidité, sans la moindre fumée.

Son rêve est toujours le même, mais cette fois il sent que la chaleur est plus forte. Il progresse en direction de la porte, avec cette impression récurrente de faire du sur place. Il maintient dans ses mains sa lance à incendie qu'il tient toujours fermement. Les flammes continuent à avancer vers lui jusqu'à le dépasser de part et d'autre. Le torrent de feux continue à rouler sur le plafond en laissant s'échapper une pluie fine de flammes qui perlent sur sa tenue. Au moment où il arrive enfin à avancer, il actionne le levier de la lance à incendie qui laisse s'échapper un nuage de gouttelettes sur quelques centimètres avant de se transformer en vapeur masquant ponctuellement sa visibilité. Les gouttes de feu sont de plus en plus nombreuses à jaillir du plafond ; il avance concrètement vers son objectif… plus que quelques mètres. Il actionne machinalement, sans interruption, le levier de la lance, pompant virtuellement une eau qui n'arrivera jamais.

La pluie de feu ruisselle sur tout son équipement puis, comme chaque fois, passe sous son gant en le brûlant intensément.

Fabien se réveille en sursaut, en nage, assis dans son lit, le tee-shirt trempé. Il a besoin de quelques secondes pour arriver à se resituer dans l'espace, se réorienter, savoir où il se trouve et reconnaître enfin sa chambre. « Mon dieu… quelle chaleur », se dit-il en soufflant plusieurs fois pour se ventiler. Il se lève en titubant, peinant à émerger, comme s'il avait été affecté physiquement par l'action entreprise dans son rêve ; une fois stable sur ses appuis il se dirige péniblement vers la salle de bain. L'eau tiède de la douche le fait tressaillir au moment où elle perle sur sa tête. Il doit jouer avec le mitigeur pour retrouver une température corporelle acceptable.

Quand l'eau qui glisse sur son corps commence à le rafraîchir, il se remémore son rêve : il a réussi à actionner la lance ! ce qui lui avait toujours été impossible. Pourquoi ? Qu'est-ce qui a changé pour permettre une telle évolution ? La chaleur plus forte ? L'arrivée de l'eau ? Tant de questions qui demeurent pour l'instant sans réponses.

XIII

Julie Miera se lève tôt et s'affaire dans son appartement ; elle va devoir assumer plusieurs journées dans cette seule journée ; entre Léa, les diverses tâches ménagères et les impondérables elle n'aura pas une minute à elle. Un fort élan de solidarité au sein de son entreprise lui permet de rester chez elle pour prendre au mieux son enfant en charge. Ses collègues lui ont tous fait don de plusieurs jours de congés et son patron en a fait de même à une échelle inespérée.

Robin devait gérer quotidiennement son entreprise, le couple ne pouvant vivre avec un seul salaire. Heureusement, il pouvait déléguer le plus gros de sa charge à ses employés qui le soutenaient pleinement.

Les soins de Léa sont complexes et chronophages ; elle a besoin de beaucoup de temps et d'attention. Bien que se sachant condamnée, elle tient à faire ses devoirs, du moins quand son état de santé le lui permettait. Rester en contact avec ses amies de l'école primaire est primordial pour elle.

Jules, Medhi, Maelle, Samia et Maeline sont très présents à ses côtés. En bons camarades, ils viennent régulièrement la visiter, aussi bien chez elle que dans les moments difficiles qu'elle passe à l'hôpital.

Sa maîtresse la contacte également en « visio » depuis la salle de classe pour lui donner des nouvelles de tout le monde et lui faire partager certains cours en « live ».

Chaque jour est une journée en moins dans nos vies… elle n'est jamais comme les autres. Chaque jour rapproche un peu plus Léa de son départ. Nous allons tous mourir, c'est un fait, cependant quoi de plus terrible à vivre que la perte d'un enfant… son enfant. Nous souhaitons tous ne pas survivre à nos descendants, l'ordre chronologique doit être respecté. Mais parfois, la vie en décide autrement.

Julie ne sait pas ce qui est le pire pour elle… savoir sa fille mourante… ou la voir se consumer à petit feu. Parfois, elle vient à penser, honteusement, qu'une mort rapide aurait été plus facile, un accident ou une maladie encore plus foudroyante. Pour elle et Robin, voir la santé de Léa décliner en étant impuissants est un véritable supplice. Toutes leurs conceptions philosophiques, leur approche de la vie étaient remises en question ; la pensée religieuse, qui pourtant n'avait jamais trouvé place chez eux, s'insinuait dans leur quotidien leur offrant une échappatoire spirituelle à leur détresse.

Léa se réveille, les médicaments lui donnent de fréquentes nausées qui lui font prématurément quitter le sommeil. Julie est là, comme toujours auprès d'elle dans les moments difficiles.

Ce matin, elle ne mangera encore rien… l'appétit n'y est pas et rien ne sert d'insister, bien au contraire.

Une fois habillée, elle se dirige vers le bureau de son père pour l'embrasser ; quand elle en pousse la porte, Robin lui sourit… Comme chaque matin, elle est son premier rayon de soleil qui bien vite laisse place à la douleur qui le ronge.

Depuis l'annonce de sa maladie, son père était complètement à… l'Ouest. Elle s'en rendait bien compte ; malgré les efforts déployés par sa mère pour le stimuler, la charge émotionnelle était trop intense pour lui. Ses parents autrefois si proches ne savaient plus comment se comporter l'un envers l'autre ; le « pilier » de Julie était devenu un colosse aux pieds d'argile qu'elle tentait de maintenir debout comme elle le pouvait.

Léa et sa mère ne s'étaient jamais concertées sur le sujet, mais parfois, quand on est proche, nul besoin de parler pour se comprendre. Percevoir le malaise d'un être cher sans pouvoir y apporter de solution est du même ordre que l'accompagnement d'une fin de vie. Du moins, c'est la vision que Léa avait de cette situation.

Dans sa tête d'enfant, la mort voulait tout et rien dire, ne plus être là certes ! mais quand on part, c'est bien pour aller quelque part ! Léa se demandait où elle pouvait aller, peut-être partout, mais sous quelle forme ? un fantôme… un animal ? Se réincarner en animal n'était pas pour lui déplaire bien au contraire. Elle en plaisantait souvent avec sa mère en lui évoquant les différentes apparences qui pourraient lui convenir. Lama, panda, tigre, aigle tout était envisageable sauf bien sûr les araignées dont Julie a une peur bleue ! Dernièrement, la licorne était devenue plus qu'un choix : une évidence… mais une licorne ailée, comme Pégase, qui l'emmènerait au-dessus des nuages pour retrouver le soleil, ou peut-être les anges. Son imagination débordante la laissait entrevoir moult possibilités qu'elle comptait bien explorer.

Mais pour l'instant, Léa avait besoin de son père et Robin de sa fille. Julie ne savait comment faire pour débloquer la situation qui lui paraissait complexe et pourtant si simple… Robin était physiquement présent, mais cela ne suffisait pas ; il fallait qu'il se réveille et vite. Une fois Léa partie, il risquait de vivre dans les regrets. Il devait être le seul à ne pas en avoir pris conscience ! Pourtant tout son entourage avait tenté de provoquer en lui le déclic qui lui permettrait, enfin, de se rendre à l'évidence : le compte à rebours était lancé sans possibilité de retour.

Julie et sa fille se préparent pour quelques courses ; elles aiment sortir chaque jour pour acheter le repas de midi. Cette escapade est une bouffée d'oxygène pour toutes les deux, un petit rituel qui leur permet de s'évader de la maison et de tous les tracas. Dès leur départ, Robin abandonne son ordinateur et se dirige vers la fenêtre d'où, comme chaque matin, il regarde s'éloigner les deux femmes de sa vie. Immobile, les joues pleines de larmes, il demeure comme prostré devant une réalité qui lui échappe de plus en plus.

XIV

Fabien arrive tranquillement à vélo à son cabinet, puis, avant de commencer sa journée, décide de s'octroyer un petit café en compagnie d'Annie, déjà attablée avec une tartine et un grand chocolat.

— Désolée, j'avais trop faim, lui dit-elle en souriant.

— Tu as bien fait, tu manges pour deux maintenant.

— Ou plutôt comme deux !

Après avoir passé commande, Fabien s'installe face à elle en consultant rapidement son smartphone.

— Tu as beaucoup de clients aujourd'hui Annie ? c'est rare que tu sois dispos à cette heure d'habitude.

— Effectivement, j'ai commencé tôt ce matin vers 7 h 30 ; j'ai un battement de 45 minutes suite à deux désistements, autant te dire que j'en profite.

— Tu as un sacré rendement depuis des années, tu ne veux pas prendre quelqu'un pour t'aider ?

— La question ne se pose plus ; il faudra bien me remplacer pendant mon congé mater. Je cherche quelqu'un qui pourrait assurer l'intérim et peut-être poursuivre la collaboration par la suite.

— Tu as raison, choisis en une mignonne s'il te plaît ! il lui fait un clin d'œil.

— Pour que tu lui brises le cœur ? Non, merci, je vais plutôt chercher un gros barbu costaud.

Les deux amis rient de bon cœur et poursuivent…

— Sinon tu en es où de ta relation avec ta copine ? Tu sais… celle dont tu avais déjà évoqué le nom lors de soirées.

Comme souvent, Fabien se positionne en stratégie d'évitement dès que la question devient trop intrusive pour lui. Annie qui a bien compris son mode opératoire ne prend plus de gants et n'hésite pas à aller droit au but.

— Par contre, je n'arrive plus à me souvenir de son prénom… aide-moi s'il te plaît.

Fabien est piégé, il n'a pas d'autre choix que de lui répondre, il en a parfaitement conscience.

— Johanna, elle s'appelle Johanna.

— Ha oui, Jo pour Johanna, je me rappelle.

— Et donc où en es-tu avec Johanna ?

Il consulte sa montre en souriant, mais Annie est bien décidée à le cuisiner avant qu'il ne s'en aille. Fabien se lève pour régler l'addition avant de partir.

— Laisse, c'est pour moi, mais il te reste dix bonnes minutes pour me parler de ton amie, ne te presse pas… lui dit-elle.

— Bon, tu vas pas me lâcher si je te balance rien c'est ça ? Elle cligne plusieurs fois des yeux en guise de réponse.

— T'es chiante, tu sais, ma belle…, que veux-tu que je te dise ?

— Tout !

— Nous nous voyons de temps en temps pour prendre un apéro, dîner et baiser ! il la regarde, les deux mains écartées, avant d'ajouter…

— Voilà, tu sais toute ma story puis il se lève tranquillement et s'avance vers elle pour l'embrasser sur le front avant de s'éloigner.

— Tu sais où me trouver en cas de… si tu veux papoter en fin d'après-midi.

Fabien marque un temps d'arrêt, il sait parfaitement où elle veut en venir.

— Merci, lui dit-il en faisant un signe de la main.

Il efface la centaine de mètres qui le séparent de son cabinet et s'installe directement derrière son bureau sans prendre la peine de poser ses affaires à l'entrée comme il le fait habituellement, puis il se ravise, se relève et s'installe dans son fauteuil en cuir d'où il contemple la pièce qui l'entoure, ce bureau lumineux et calme qu'il affectionne tant. Lentement, il balaie cet environnement familier et se remémorant de lointains souvenirs. Il avait pris soin d'aménager cet espace à son goût, à son image. Une pièce sobre, mais inondée de clarté, un point important pour ce lieu propice au changement, à l'évolution de ses patients. Une pièce sombre aurait eu, à son sens, un impact négatif. « Mieux valait avoir trop de luminosité que pas assez… » lui avait judicieusement dit Annie.

Les murs blancs rendaient l'espace encore plus grand et ~~les~~ quelques plantes contribuaient à l'ambiance « zen », particulièrement un grand bac où trônaient de superbes bambous entourés de petits graviers blancs qui rendaient l'ensemble vraiment sympathique ; on aurait dit un petit jardin japonais.

Il affectionnait beaucoup son cabinet ; le fauteuil en cuir en était pour lui la pièce maîtresse… plus exactement « sa » pièce maîtresse. Il l'avait déniché dans une brocante et l'avait offert à son père qui, à son tour, le lui avait offert lorsqu'il s'était installé.

« Il sera beaucoup mieux ici… il te faut un beau fauteuil de praticien. Mais ne t'y trompe pas… il est à moi… je ne fais que te le prêter », avait-il ajouté en souriant. Fabien prenait le temps de le patiner au moins une à deux fois par mois. D'un brun clair, légèrement brillant, l'éclairage de la pièce le mettait parfaitement en valeur.

Les rendez-vous s'enchaînent aujourd'hui ; Fabien ne parvient pas à dégager de temps pour déjeuner. Du grignotage ponctuel entre deux clients, tout ce qu'il déteste. Pourtant, il avait l'habitude de manger sur le pouce ; en dix-sept ans de Pompiers, il en avait eu maintes fois l'occasion. Plus le temps passe, plus il sent cette tension qui revient se mettre en place progressivement, s'installer insidieusement, l'air de rien ; il en connaît parfaitement les raisons. Se calant sur les inductions réalisées cet après-midi, il en tire bénéfice pour se détendre.

Dernière cliente avant l'arrivée de Léa, une séance difficile ; une dame avec qui il travaille sur un deuil. La séance va être éprouvante, c'est un fait. Certainement pas celle qui lui aurait fallu avant de recevoir la petite.

Effectivement, ce rendez-vous est une grande étape pour sa cliente… une étape chargée d'émotions qui bouleversent, changent et métamorphosent une vie. Elle quitte cependant le cabinet, souriante et apaisée ayant franchi cette étape tellement importante pour elle… Une étape que Fabien, paradoxalement, n'avait jamais passée ou plutôt affrontée pour avancer.

Quand il ouvre la porte pour raccompagner sa cliente, Léa est là, debout devant lui, avec un petit sourire. La douleur et la fatigue se lisent sur son visage. L'image de sa fille lui revient, elle qui était dodue comme il aimait le lui dire pour la taquiner, mais toujours avec bienveillance pour ne pas ancrer en elle un rapport négatif avec le poids. Ce qui lui rappelle le plus Emilie, ce sont ses yeux, pétillants et malicieux, des yeux d'enfant heureux.

Vêtue d'une petite robe à fleurs, elle l'attend, droite comme un « I » les mains croisées devant elle, toujours avec sa casquette rose, mais qu'elle porte cette fois à l'envers, à la façon des rappeurs.

Sa maman se tient juste derrière elle ; ses yeux rougis qu'elle ne prend même plus la peine de camoufler par un maquillage, témoignent de moments difficiles. Comme sa fille, Julie porte une longue robe à motifs floraux.

Fabien a du mal à cacher son anxiété ; extrêmement mal à l'aise, il fait pourtant bonne figure en accueillant Léa par un grand sourire… la synchronisation commence sur le seuil de la porte. Malgré l'omniprésence incommodante de cette « boule » au niveau du ventre, Fabien parvient à ne rien laisser transparaître. Il a envie de la faire sortir de son corps pour s'en libérer ; l'image d'un chat expulsant une boule de poils de sa gorge lui vient fugacement à l'esprit.

— Léa était tellement pressée de vous voir qu'elle n'a pas voulu attendre dans la salle.

Fabien ne répond pas… de toute façon, il ne sait que répondre ; en même temps, il n'y a rien à ajouter. Elle avait hâte de venir alors que lui ne rêvait que de fuir, il devait composer avec… « point ». Il s'écarte l'invitant à rentrer, ce qu'elle fait sans hésitation, d'un pas décidé.

— À tout à l'heure, dit-il à sa maman.

— Ok.

Leurs regards restent fixés jusqu'à ce qu'il referme.

Fabien se retourne vers Léa tout en gardant la main sur la poignée de la porte, comme s'il avait besoin d'une solution immédiate de sortie au cas où ! Elle le regarde d'un air plutôt interrogateur.

— Je ne vais pas me sauver, tu sais.

— Oui… oui, je sais ! dit-il en lâchant la poignée machinalement, conscient de la portée de son geste.

— Ou alors c'est toi qui veux te sauver ?

— Non pas du tout.

Le regard fuyant, il avance vers le fauteuil, pour s'installer face à elle ; la regarder dans les yeux lui est difficile. Fabien sait qu'il doit reprendre ou plutôt prendre le « leading[13] » sinon la séance sera improductive. Il retrouve progressivement une respiration plus calme malgré ce sentiment d'oppression et cette incessante gêne abdominale qui s'accentue. Il a déjà eu cette sensation en allant sur des interventions à risques, dans son autre vie professionnelle. Mais c'était plutôt une forme de stress positif qui le mettait en alerte et disparaissait rapidement. Là, tout était différent ; objectivement, il aurait adopté ce comportement sur une intervention on aurait dit de lui qu'il ne savait ou ne pouvait pas gérer ses émotions. Chose impensable, ni même envisageable, pour Fabien qui avait toujours su être opérationnel en toutes circonstances, même les plus périlleuses. Certes, il avait parfois eu peur, mais cette peur avait contribué à accroître la vigilance indispensable pour bien intervenir. Perdu dans ses pensées, il met un certain temps à remarquer que Léa vient de se nicher au fond de son fauteuil, comme pour lui signifier son impatience.

— Ça va, Léa ?

— Tu n'as pas l'air content de me voir.

---

[13] La direction.

— C’est difficile pour moi, répond-il spontanément en souriant légèrement.

Fabien regrette instantanément cette réponse impulsive, mais tellement réaliste quant à son ressenti.

— Ce n’est pas toi qui vas mourir pourtant.

Elle vient de le remettre dans le contexte en une phrase… celle de trop… il ne peut plus refouler ni contenir ses émotions. Il se lève et se dirige vers la fenêtre, des larmes coulent sur son visage.

— Tu pleures Fabien ? Je ne voulais pas être méchante, je suis désolée.

— Ce n’est pas de ta faute Léa.

— C’est à cause de ta fille ?

— Ne me parle pas d’elle, dit-il sèchement en tournant la tête dans sa direction.

Surprise par ce soudain accès de colère, elle se remet au fond de son siège en montant ses genoux au niveau de son visage comme pour se protéger. Sa réaction a été excessive et spontanée ; il n’a rien contrôlé… Cet emportement inapproprié le met dans une fâcheuse position qu’il doit s’empresser de rectifier.

— Ex… excuse-moi Léa… je suis vraiment désolé… je ne voulais pas t’effrayer, mais tu me parles de choses qui me font mal et que je n’ai pas envie d’évoquer avec toi… ni même avec personne d’ailleurs.

— Je suis désolée, je n’aurais pas dû te parler de ça… c’est sorti tout seul, s’excuse-t-elle.

— C’est pour ça que tu voulais pas travailler avec moi ?

Le regard perdu dans le vide, Fabien fait face à la fenêtre, toujours en direction de l’extérieur ;il se retourne enfin avant de lui répondre par l’affirmative.

Elle repose ses pieds au sol et prend tout doucement une position plus naturelle.

— Tu sais… je suis…

— Désolée ! Oui, je sais… comme tout le monde.

— Non, j’allais dire contente que tu aies changé d’avis.

La phrase que lui rabâchait son professeur et ami Alexandre résonne à nouveau en lui : « Ne jamais interpréter, ne jamais penser à la place des gens ». Il esquisse un sourire.

— C'est quoi pour toi être contente Léa ?

— J'ai réalisé un rêve irréalisable, j'ai volé jusque dans l'espace comme si j'y étais, j'ai même mangé des nuages, c'était génial. J'y ai pensé pendant des jours, même la nuit… t'imagine ?

— Tu rêves de ça la nuit toi aussi ?

— Pas exactement pour tout te dire.

— Tu fais quoi ? tu rêves jamais ?

— Qu'est-ce qui te permettrait d'avancer vers ton objectif aujourd'hui Léa ?

Elle marque un temps de réflexion ; Julien l'a coupé dans son élan, mais il pense bien qu'elle n'en restera pas là… cette question reviendra sur le tapis c'est évident. Il a plutôt bien cerné les métaprogrammes[14] de sa cliente lors de la première séance.

Léa ne lâchera rien, elle reviendra sur tout ce qui s'est passé et a été évoqué aujourd'hui, il en a la certitude. Reste à voir de quelle manière et sous quelle forme ?

— J'aimerais ne plus avoir peur de rentrer dans le scanner.

— Ça fait quoi pour toi quand tu entres dans le scanner ?

Léa réfléchit un court instant en fronçant les sourcils tout en faisant la moue avec sa bouche.

— J'ai l'impression de rentrer dans un cercueil, ou plutôt qu'on referme le couvercle sur moi en le faisant glisser.

— Tu ressens quoi à ce moment-là ?

— D'être vivante et qu'on m'enterre… J'ai envie de m'enfuir.

— Tu ferais comment pour t'enfuir ?

— Je ne sais pas… je peux pas sortir du scanner… il faudrait que je… Ha, mais oui… comme la dernière fois quand je suis sortie de mon corps pour me balader dans le ciel… dans l'espace.

---

[14] Paramètres d'une personne qui permettent de traiter une information, son mode de fonctionnement propre.

— Pour arriver à faire ça, il faudrait que tu mettes quoi en place ? Il faudrait que tu sois comment ?

— Calme pour penser à voler.

Fabien avait déjà une petite idée du protocole qu'il pourrait effectuer avec elle, mais rien, absolument rien n'était figé.

Il s'adapte toujours à ses clients, seul leur bien-être compte ; il garde toujours en mémoire ce conseil de son formateur : « On ne fait pas ce que les gens veulent, mais ce dont ils ont besoin. »

Léa avait évoqué vouloir se sentir ailleurs quand elle est à l'hôpital, pour mieux maîtriser sa douleur et l'environnement, puis elle avait manifesté le souhait de s'évader, de voler… les choses se recoupent. Il travaillera sur l'éloignement de la douleur lors de la prochaine séance.

Il continue de la faire parler de cette sensation désagréable… lui touche l'arrière de l'épaule pour y ancrer le négatif avant de passer rapidement sur du positif qu'il empile en lui frôlant l'avant-bras dès qu'elle mentionne un événement positif. Fabien « désancre » le négatif sans même en parler à Léa ; il termine~~ra~~ en touchant légèrement son épaule en même temps que son avant-bras sur lequel il accentue la pression pour que le positif s'ancre à la place du négatif. Ni vu ni connu, il désamorce cet ancrage négatif ; il va pouvoir travailler sur l'implantation d'une nouvelle ancre extrêmement positive pour aider Léa à se calmer et se réguler rapidement en cas de besoin.

— Tu vois, Léa, tu as ancré, c'est-à-dire… attaché… collé… associé… un sentiment et un lieu. En l'occurrence, le scanner ; aujourd'hui, nous avons travaillé sur la désactivation, l'annulation si tu préfères, de cet ancrage et maintenant nous allons placer un ancrage de détente avec un geste que tu effectueras pour l'activer, le mettre en route.

— Un ancrage, ça marche comme une ancre de bateau… c'est ça ?

— Oui exactement… avec un geste, tu vas accrocher un état désiré, comme la détente par exemple. Mais tu peux mettre ce que tu veux.

La séance se poursuit… Fabien part sur son discours préhypnotique et son induction ; Léa est hyper suggestible, la première séance a posé des bases solides. Il a choisi de faire la désactivation d'ancre et l'activation dans la même séance. Il ne sait pas de combien de temps elle dispose et s'autorise tous les raccourcis possibles pour lui donner les outils dont elle a besoin maintenant. Léa a choisi d'activer son ancrage en appuyant son pouce et son index gauche l'un avec l'autre. Un geste assez courant en termes d'ancrage, mais tout est possible.

Léa sort de sa transe légèrement « ensuquée » comme la première fois ; elle s'étire en souriant… son visage semble plus reposé, plus apaisé qu'à son entrée dans le cabinet.

— Tu vois Léa n'hésite pas à actionner ton ancrage quand tu te retrouves dans des situations où tu es détendue, calme… cela te permettra de le renforcer.

Elle sourit et effectue son geste, signe pour Fabien qu'il lui a apporté du positif. La séance est terminée, il s'apprête à la libérer, enfin. Il va pouvoir respirer, sortir de cet exercice tellement difficile et perturbant pour lui.

— Tu sais, il m'attaque de plus en plus fort et la chimio que je vais faire à partir de demain risque de trop me fatiguer pour que je vienne te voir. Ses yeux s'embuent de larmes… Tu pourras venir me voir à l'hôpital pour m'aider ?

Travailler dans son cabinet lui apporte une certaine forme de confort, de sécurité. La demande de Léa lui fait prendre conscience que la situation peut s'accélérer rapidement. Aller à l'hôpital est un cap, une épreuve supplémentaire à laquelle il ne se sent pas préparé… personne ne l'a prévenu, personne ne lui a dit qu'il devrait aller, ou plutôt retourner, dans cet endroit qu'il exècre au plus haut point. Lorsque sa fille s'était étouffée, elle avait passé deux jours en soins intensifs avant de s'en aller.

Retourner en milieu hospitalier au chevet d'une petite fille serait un calvaire pour lui… insurmontable rien que d'y penser.

— Bien sûr, Léa, je ne te lâcherais pas.

— Merciiiii, elle se jette dans ses bras.

Fabien pense noir et dit blanc une fois de plus. Encore une réponse qui ne correspond pas à son état du moment.

Il parvient à se remettre rapidement sur les rails pour faire bonne figure, ou plutôt figure honorable, et raccompagne Léa. Elle annonce à sa mère que Fabien a accepté de venir la voir à l'hôpital.

— Je vous contacterai pour vous donner l'évolution de la situation.

— Ok, je m'occuperai de faire moi-même la réservation sur le site, pour me déplacer il faut que je planifie plus de temps.

— Bien sûr, je ne vous remercierai jamais assez.

— C'est mon travail.

Elle s'approche de lui et lui serre l'avant-bras fermement avec sa main droite, tout en ne le lâchant pas du regard, Julie a parfaitement conscience du travail qu'effectue Fabien pour s'occuper de sa fille.

— Vous en faites plus, mais attention… reposez-vous, vous commencez à avoir les mêmes yeux que moi ! dit-elle en franchissant la porte avec sa fille.

Il reste sur place quelques instants avant de retrouver son cabinet ; assis derrière son bureau il sort un petit miroir pour se regarder. Son teint est blanc, les traits tirés et les yeux rouges lui donnent la même expression que Julie… elle a parfaitement raison.

Pourtant, avant la séance, il n'avait pas noté un tel changement sur son visage ; cette prise de conscience est brutale, inattendue. L'image que le miroir lui renvoie ne lui convient pas ; il a l'impression d'être vieux avant l'heure. Les derniers événements l'avaient secoué, ébranlé plus qu'il ne le pensait ; l'hôpital… l'étape suivante serait-elle une séance au cimetière ? Les idées fusent et se bousculent dans sa tête. L'émergence de souvenirs, dont l'évocation même est difficile, met Fabien à rude épreuve… lui qui dit oui et pense non ! La tête entre les mains, il s'interroge ; pourquoi ce type de réponses qui lui semblent incontrôlables ? Son copilote, son inconscient parle à sa place, comme pour lui signifier qu'il est, peut-être, temps de prendre les choses en main… d'arrêter de se cacher… de se voiler la face en étant constamment dans le déni. Lui qui voue sa vie à aider les autres va devoir, tôt ou tard, mettre en application ses enseignements. Mais pour le moment, il n'est pas capable de mener de front ces deux choses.

« Mon bien-être après celui de ma cliente… Ah ! je déteste employer ce terme à propos d'une enfant… mon bien-être passera après celui de Léa ! »

Ainsi se termine la journée de Fabien. Assis dans son fauteuil à regarder par la fenêtre, il est tiré de ses réflexions par l'arrivée d'Annie qui s'approche de lui et s'installe dans le fauteuil habituellement dévolu à ses clients.

— Tu veux en parler ?

— Pas vraiment Annie… pas vraiment.

Elle marque un léger silence avant de reprendre :

— J'ai discuté avec Alexandre aujourd'hui… nous nous inquiétons pour toi, tu sais ! J'aimerais que tu échanges avec ton ami, il peut te guider, t'orienter. Ne te passe pas d'aide extérieure sur un dossier si sensible Fabien !

Son regard est toujours dirigé vers la fenêtre, perdu dans le vide, il souffle légèrement avant de répondre.

— Pour le moment, j'ai besoin de sortir d'ici et de voir autre chose… d'aller boire un verre par exemple.

Il se lève et attrape sa veste avant de tendre la main à Annie pour l'aider à s'extraire du fauteuil.

— Je ne suis pas encore une baleine ! rit-elle.

— Tu ne le seras jamais, ne t'inquiète pas.

Les deux amis se dirigent vers la sortie, tout en discutant des différentes affaires liées au cabinet, des banalités qui leur permettent de changer de sujet. Annie aimerait investir dans du matériel supplémentaire pour diversifier ses soins, mais la période n'est peut-être pas propice tant qu'elle n'aura pas accouché et trouvé un associé dans son affaire ; Fabien lui rappelle avec insistance qu'elle doit absolument de trouver une charmante collaboratrice plutôt qu'un gros barbu musculeux. Ils quittent le cabinet en riant pour se diriger Faubourg Saint Antoine dans un petit bistrot qu'ils fréquentent régulièrement. Pierre devrait les rejoindre rapidement pour partager quelques verres.

Ce soir, Fabien va proposer à Jo de dîner dans la capitale ; il connaît un restaurant parisien réputé et chargé d'histoire… Le Procope… elle va adorer !

XV

La sortie avec Annie sera brève ; Pierre, son mari, a eu un contretemps et vient la chercher en voiture pour lui éviter les transports. Elle commence en effet à ressentir régulièrement des coups de fatigue qui perturbent son travail.

Annie annonce à Fabien qu'elle n'est pas sûre de pouvoir aller jusqu'à son congé maternité et pense se faire remplacer rapidement. Un rendez-vous avec deux confrères hypothétiquement intéressés par son remplacement, voire une association à terme devrait avoir lieu cette semaine.

Fabien a posté plusieurs SMS à Jo qui a accepté de le rejoindre directement au restaurant dans le 6e arrondissement. Beaucoup de changements surviennent dans sa vie et l'idée d'être en couple ou du moins de faire un bout de chemin avec la même personne émerge peu à peu.

Dès le départ d'Annie, il va récupérer un vélo pour se rendre tranquillement Rue de l'Ancienne Comédie. Les pistes cyclables lui permettent de se déplacer rapidement au grand dam des automobilistes coincés dans les bouchons. Il profite de ce moment de détente pour se vider l'esprit et arriver complètement dispo pour Johanna. Le ciel est splendide… Pas un seul nuage… À l'horizon, de larges touches d'un rose foncé magnifient ce coucher de soleil inhabituel. Il roule lentement pour ne pas arriver en sueur à son rendez-vous, l'air encore chaud caresse son visage. Le vélo est devenu indispensable à ses déplacements parisiens. Bien qu'il ait toujours détesté ce sport, il doit bien reconnaître qu'en termes de rapidité, c'est imbattable !

Fabien arrive tranquillement au restaurant et décide de s'attabler en terrasse, sur la rue tranquille à l'arrière de l'établissement. Il met à profit cet instant de quiétude pour « souffler » un peu et s'hydrater avec un « Perrier rondelle » bien frais. Quel bonheur d'en sentir les bulles fraîches éclater dans sa bouche ! La rue est calme ; au crépuscule, les guirlandes lumineuses pointent leur nez, annonçant une ambiance agréable la nuit tombée.

Johanna arrive d'un pas tranquille par cette petite rue piétonne ;Fabien la remarque de loin et prend plaisir à la regarder s'avancer vers lui. « À force de voir souvent les gens, on ne les regarde plus suffisamment », se dit-il. Jo est vraiment une belle fille… une très belle fille même ! Grande, élancée, elle évolue avec grâce et élégance.

« C'est marrant… »… il ne l'avait jamais remarqué. Il est vrai qu'habituellement ils marchent l'un à côté de l'autre. Aujourd'hui, ce changement de perspective lui permet de la voir, de la découvrir différemment.

Dès qu'elle aperçoit Fabien, elle lui offre un large sourire ; ses dents éclatantes, parfaitement alignées illuminent son visage. Lui qui n'aime pas spécialement les femmes fines doit bien reconnaître qu'elle est vraiment sublime… Dans la fleur de l'âge, cette belle quadragénaire aurait forcément des envies d'enfants, de famille… Tout ce qu'il pensait ne pouvoir lui offrir pour le moment !

Ne le pouvait-il ou plutôt ne le voulait-il pas ? Était-il tellement opposé à l'idée de partager sa vie ? Surpris, il abandonna bien vite ce questionnement qui lui parut quelque peu étonnant de sa part.

« Jo » porte des talons d'une dizaine de centimètres qui mettent en valeur ses jambes fines et musclées… « quelle élégance », se dit-il en se levant pour l'accueillir ; elle l'embrasse sur la joue une fois à sa hauteur, puis s'assied face à lui. Quelque peu déconcerté, il marque un temps d'arrêt avant de se rasseoir.

— Quelque chose ne va pas ?

— Pourquoi me dis-tu cela Fabien ? ajoutant le regard plongé dans ses yeux… Pour le baiser sur la joue ?

— Exactement, répond-il en soutenant son regard.

— Je t'apprécie beaucoup, tu sais, mais… Les restaus, footing, baise ne peuvent pas durer éternellement.

— C'est-à-dire ? Il me semblait que cela nous convenait pour commencer.

— J'entends… Ceci dit, tu n'as jamais évoqué une quelconque suite à notre relation !

— Effectivement, je ne suis pas un bon communicant, tu as raison, je suis dans une période légèrement compliquée professionnellement et je manque parfois à mes devoirs, je le sais. Cependant à aucun moment tu n'as toi-même manifesté un besoin de faire évoluer notre relation.

— Écoute, j'aime être avec toi, ceci dit j'aspire à une autre vie. Elle marque un temps d'arrêt et expire profondément. « Et… dans l'état actuel des choses, je ne pense pas que tu puisses répondre à mes attentes. Tu ne connais rien de moi, j'ai l'impression que tu n'y attaches aucune importance. Tu ne connais pas… Mon cocktail préféré… la musique que j'aime et le reste.

— Et tu t'es apprêtée de la sorte pour venir me dire cela ? Pour me dire que tu… me quittes, puisque nous parlons bien de cela Johanna ! » Il se repositionne au fond de son siège tout en croisant les jambes. « J'apprécie le geste… tu as au moins la délicatesse de me dire les choses en face. »

— Pour être honnête, j'ai un rendez-vous après.

Fabien éclate de rire… un rire bref, spontané et incontrôlé. Il hoche la tête de gauche à droite en fermant brièvement les yeux, puis se lève rapidement, sortant de sa poche de pantalon sa carte bancaire pour aller régler sa consommation. Le serveur encaisse rapidement sans contact le règlement incluant également la consommation que Jo n'avait pas encore commandée, un mojito framboise. Puis il regagne sa table pour récupérer sa veste et prendre congé.

— Ne le prends pas mal Fabien… S'il te plaît, laisse-moi t'expliquer.

— M'expliquer quoi, Jo ? Je t'invite à dîner et tu arrives magnifique en talons aiguilles pour aller à un rencart avec un autre !

personnellement, je ne vois pas comment je pourrais le prendre. Non, franchement, je ne vois pas ! Il termine son verre d'un trait sans même prendre la peine de s'asseoir. Puis il se penche sur elle et l'embrasse sur la joue.

— Prends soin de toi, ma belle.

Fabien se redresse, fait quelques pas et s'arrête quelques mètres plus loin ; il se retourne et lui lance ;

— Super Tramp, Imagine Dragons et le prélude de Bach pour tes goûts musicaux !

Il repart à l'instant même où le serveur dépose le mojito-framboie devant elle. Il atteint son vélo, ôte rapidement le cadenas à code et prend la route. Le temps se couvre, le vent vient de se lever ; « ça sent l'orage », pensa-t-il en scrutant les nuages comme pour tenter de prédire à quel moment ils comptaient déverser leur contenu. Plus il avance vers son domicile, plus les idées noires envahissent ses pensées. Tous les éléments semblent s'être ligués contre lui aujourd'hui ; dans son for intérieur, il ne peut s'empêcher de penser « Mais quelle journée de merde, quelle période de merde, quelle vie de merde, mais quand est-ce que tout cela va enfin s'arrêter ! »

Objectivement, Jo était le seul rayon de soleil de sa pseudo VDM, ses autres aventures n'avaient pas de réelle importance d'autant qu'il avait pris de la distance pour consacrer la majeure partie de son temps libre à Johanna. Elle venait de le plaquer, mais au plus profond de lui, il savait qu'elle n'avait pas totalement tort. Il faisait partie du clan des « cas sociaux » que, de manière générale, les femmes essaient de fuir ; les gars qui sont toujours amoureux de leurs ex, les indécis, les coureurs, les tarés et tant d'autres… La liste n'est pas exhaustive. Il se demandait dans quelles catégories elle pouvait bien le classer. Lui, célibataire depuis des années, divorcé sans enfant avec un métier apparaissant louche à beaucoup de gens. Le mec qui porte toute la misère du monde sur ses épaules. Auparavant, il avait côtoyé le bonheur au sens le plus large du terme ; sa vie était tellement belle ! Une famille fantastique, un boulot qu'il avait embrassé par vocation, des potes à droite à gauche… Maintenant, son existence se limitait à son cabinet, ses clients, quelques plans cul et son… vélo. Une vie qui ne fait pas rêver, une existence dénuée de sens qui donnerait plus envie de se flinguer qu'autre chose. Le nombre de fois où il avait eu envie de secouer des clients qui venaient le voir pour des trucs tellement… futiles à ses yeux pour ne pas dire des trucs de « merde », le nombre de fois où il avait eu envie de dire « Mais bouge-toi franchement, regarde en dessous de toi et tu verras qu'il y a plus malheureux… Enjoy ! allez, sors-toi les doigts du cul bordel ! » Il est tellement facile de juger les autres et de relativiser à leur place !

Ses réflexions s'arrêtent avec la pluie qui commence à tomber ; il n'est qu'à mi-parcours quand des trombes d'eau s'abattent sur l'asphalte en quelques secondes. Rouler devient impossible ; trempé, il se met à l'abri sous un porche en attendant que l'orage passe. Fabien regarde tout autour de lui, en attendant que la pluie daigne enfin s'arrêter… Il est en face de l'hôpital saint Antoine… Léa…

Mais quelle poisse dans sa vie depuis qu'elle y est entrée ! Avant, il menait une existence simple ; il ne s'y épanouissait certes pas, mais au moins il ne souffrait pas. Depuis leur rencontre, son quotidien était devenu un enfer ; il passait son temps à trouver des occupations pour ne pas penser à elle et mettre un mouchoir sur sa douleur chaque fois qu'elle survenait, pour la cacher, l'éviter. Sa vie, finalement, était maintenant une gigantesque cavale.

Il repense avec amertume à son échange avec Jo, à leur idylle éphémère. Elle était vraiment très belle et avait tout pour plaire, comme la plupart des filles qu'il rencontrait finalement. Le schéma était le même, l'histoire sans fin ; elles se barraient toujours plus ou moins pour les mêmes raisons. Finalement, cela l'arrangeait bien, une belle stratégie de fuite sans avoir à assumer… Mais pour une fois, il était déçu, pas de la réaction de Jo, mais uniquement de la sienne. Le sentiment d'avoir merdé le submergeait depuis qu'il avait quitté le restaurant.

L'orage s'éloigne peu à peu ; il patiente en consultant son portable… un SMS d'Alexandre lui propose un verre ou un resto. « Pourquoi pas », se dit-il ? Fabien sait très bien que son ami a eu

Annie au téléphone et qu'il est au fait de la situation. Cependant, il est toujours plaisant de discuter avec lui, un puits de science et de bienveillance. Fabien consulte également son carnet de rendez-vous pour trouver une dispo à accorder à son vieil ami ; depuis peu, il a désactivé toutes les notifications de son portable pour être tranquille ce qui l'oblige à le consulter plus régulièrement… le prix de la liberté ! Obligé de s'astreindre à une chose pour se libérer d'une autre, quel paradoxe !

Il remonte sur son vélo… certes, il pleut toujours, mais il est las d'attendre face à l'hôpital. L'orage ayant bien rafraîchi l'atmosphère, Fabien efface rapidement les derniers kilomètres qui le séparent de son domicile. Le temps de stationner le vélo, de l'attacher et d'ôter la selle, la pluie a cessé. Dans l'ascenseur, un message attire son attention ; une photo de Jo en compagnie d'un homme d'une bonne soixantaine d'années avec pour légende « mon rendez-vous vient d'arriver, je passe la soirée avec mon… père. » « Et merde », se dit-il ; en même temps, rien ne pouvait laisser présager une telle issue, surtout vu leur échange sur la terrasse de Procope. Il lui répond rapidement : « Un air de famille, effectivement, bonne soirée. », réponse bateau de courtoisie.

De toute façon, la soirée était pliée, comme cette relation, sans parler de cette sensation désagréable au niveau du ventre qui le suit depuis plusieurs jours.

Il passera la soirée dans son canapé en compagnie de Ragnar Lodbrok et sa meute de Vikings.

XVI

Le monde est fantastique, tant de chose à découvrir, à visiter ; Léa plane dans le ciel qui s'ouvre à elle, du moins pense-t-elle que c'est là qu'elle se trouve… mais sans certitude. Elle flotte, mais n'arrive pas à définir réellement si elle est dans le ciel ou dans l'eau. Cette sensation inhabituelle la perturbe, sans pour autant la déranger. Elle évolue dans cet élément où elle se sent parfaitement à l'aise. Portée par cette force qu'elle n'arrive pas à nommer, mais qui lui permet d'avancer sans peine.

Accompagnée par la musique de son chouchou du moment, Justin Timberlake, elle poursuit son évolution au gré du vent ou des différents courants. Dans cet état d'apesanteur qui la porte sans effort là elle songe aller. Tout se mélange autour d'elle, les animaux terrestres côtoient aussi bien les animaux marins que les créatures fantastiques. Des dauphins volent avec des licornes qui sont poursuivies par des zèbres chevauchés par des singes… Cette situation improbable en devient magique. Les nuances des couleurs qui se reflètent dans l'eau puis dans le ciel comme un mélange d'arc-en-ciel et d'aurore boréale éblouissent ses yeux d'enfant. Tout bonnement magnifique, magique.

Magique comme tous les protagonistes qui se mélangent dans cette scène improbable où tous courent, volent, nagent au gré des différents courants, qu'ils soient terrestres, aériens ou marins. Des effluves légers parviennent à ses narines, portés par le vent qui caresse ses joues. Mais est-ce du vent ou de l'eau ? Elle n'en est toujours pas certaine ; qu'importe, tout est apaisant ici, dans son monde, son royaume de bienveillance. Les sensations de chaleur puis de fraîcheur qui envahissent son corps la surprennent en la faisant frissonner.

Entre ciel et mer elle flotte paisiblement habitée pas toutes ses sensations agréables qui semblent disparaître doucement pour laisser place à un sentiment de mal être, comme un mal de l'air ou de mer ; une sensation qui arrive de nulle part, mais qu'elle connaît parfaitement depuis un certain temps, et qui la réveille pour vomir dans le récipient posé à côté de son lit. Il est trois heures du matin.

— Ça va, ma chérie ?

— Oui, maman, ça va passer, ne t'inquiète pas…

— Ok, veux-tu de l'eau ?

— Je vais plutôt me laver les dents… et elle se lève pour aller à la salle de bain.

Julie reste assise sur le bord du lit ; les nuits deviennent de plus en plus mouvementées depuis quelque temps. Sa fille vit un enfer. Entre les douleurs et les nausées, tout l'accable.

— Ah ça va mieux, dit-elle en regagnant son lit.

— Je suis dég[15]… mon rêve était fantastique… j'étais dans les nuages ou l'eau je ne sais pas trop, et tu vois, il y avait des couleurs partout avec des animaux partout. Des poissons, des licornes et la musique de Justin Timberlake, tu sais la chanson que j'adore, c'était fantastique… bon après j'ai eu le mal de l'air ou de mer je sais pas trop et j'ai gerbé…

Elles se regardent toutes les deux et pouffent de rire.

— Rendors-toi, ma chérie, ton rêve reviendra certainement.

— Non, je ne veux pas, il était tellement bien qu'il sera ancré dans mon geste.

Sa maman sourit tout en lui caressant les cheveux.

— Rendors-toi mon chat, je reste avec toi.

— Oui ma maman, je t'aime de la tête aux pieds tous les jours et pour toute la vie.

Julie s'allonge à ses côtés en l'embrassant sur le front.

— Moi aussi mon chat.

Quand elle éteint la lumière, Léa s'endort rapidement ; Julie pleure doucement, sans un bruit, seule dans son malheur.

---

[15] Dégoûtée.

XVII

Hayet la manipulatrice qui accueille Léa et sa maman est une vieille connaissance ; il faut dire que Léa n'en est pas à son coup d'essai. Elle se dirige vers la cabine où elle doit se changer pour l'examen et enfiler sa tenue de combat, un pantalon et un haut bleus ainsi qu'une charlotte pour couvrir ses cheveux. Mais objectivement, elle ne risque pas d'en semer dans l'appareil puisqu'elle les a tous perdus depuis longtemps. Au moment d'entrer dans la pièce, la petite se retourne vers sa mère :

— Tu peux m'attendre ici, maman, ça va aller.

Déconcertée, Julie ne sait que répondre avant de laisser sa fille décider.

— Tu es sûre Léa ? je peux faire comme d'habitude et rester avec toi dans la pièce avec Hayet.

— Ne t'inquiète pas, ça va aller, lui dit-elle en faisant un signe de la main. Son signe.

— Ok, mon chat, à tout de suite.

Julie regarde la porte se refermer derrière sa fille avant d'aller s'asseoir en salle d'attente, un peu nerveuse tout de même.

— Tu connais le protocole Léa, il faut bien que tu enlèves tes objets métalliques pour ne pas faire sauter ma machine.

— Ne t'inquiète pas, j'ai enlevé mes boucles d'oreilles cette fois.

— Nous avons eu de la chance que je m'en aperçoive avant surtout.

— Oui, j'avoue.

— Tu as une blouse ici, quand tu es prête tu as juste à sortir… je t'attendrai de l'autre côté comme d'habitude.

Hayet referme la porte derrière en soupirant ; elle connaît bien le dossier de la petite, quelle tristesse de voir des enfants condamnés si jeunes.

Léa se change et plie ses vêtements consciencieusement sur la chaise avant de franchir la porte qui la conduit directement en salle d'examen. Sur un porte-manteau, elle aperçoit le tablier en tissu spécial qui sert à protéger des rayons X les parties de son corps qui ne sont pas examinées.

— Tu es prête Léa ? On va passer le tablier pour te protéger.

— C'est parti pour enfiler l'armure.

— Un vrai chevalier.

Elle ne peut s'empêcher de regarder l'appareil en face d'elle. Curieusement, elle ne ressent ni appréhension ni peur. Cette machine qui la terrifiait aux débuts lui est devenue familière. Comme à son habitude, Hayet lui explique le fonctionnement de l'ensemble composé d'un lit mobile coulissant dans un anneau à l'intérieur duquel se trouve le tube qui émet les rayons X. Elle sent une petite tension se réveiller en elle à la faveur des explications de la préparatrice. Naturellement, elle se concentre sur sa respiration tout en effectuant le geste activant son ancrage. Au terme d'un bref instant, son visage s'illumine. C'est avec un léger sourire en coin qu'elle s'approche, confiante, de la machine. Elle commence à s'installer quand arrive le radiologue.

— Bonjour, bonjour, comment vas-tu Léa ?

— Ça va… ça va, monsieur le photographe.

Il rigole, la gamine a toujours eu de la répartie, et ce, dès leur première rencontre.

— Tu me flattes jeune fille, prépare-toi… dès que tu es prête on teste le micro de vaisseau spatial.

Léa termine de s'installer avec l'aide de la préparatrice qui ajuste un petit coussin sous sa tête pour plus d'immobilité et de confort. Elle confie à Léa la commande qu'elle pourra actionner en cas d'urgence.

— Allo Léa ici la terre, tu m'entends ?

— Oui, capitaine, je t'entends 5 SUR 5.

— Okeyy Roger.

Le médecin termine les préparatifs avant de lancer l'examen.

— Il fait toujours aussi froid ici, dit Léa.

— Oui carrément, l'appareil a besoin de ne pas trop chauffer.

— Comme les fusées.

— Exactement !

Une fois prêt, le médecin lui donne les dernières recommandations :

— Tu te souviens des consignes Léa ?

— Oui oui.

— Alors je t'écoute, princesse.

— Je ne bouge pas et j'écoute tes consignes, si ça va pas je te le dis en appuyant sur le bouton.

— Parfait jeune astronaute, tu as réussi ton examen d'avant mission.

Le médecin regarde son assistante et lui fait un signe de la tête.

— Ça va Léa, tu es bien installée ?

— Oui, c'est nickel.

— Tu sais que je vais devoir te faire une injection avec le produit de contraste.

Son visage se ferme ; pour le coup avec toute cette agitation elle avait complètement occulté cette phase de l'examen.

— J'avais zappé…

Hayet approche un plateau avec le nécessaire à l'injection. Léa ferme les yeux et respire doucement en activant son signe de détente.

— On va y aller ma puce, je vais piquer.

Léa est habituée aux injections ; comme toujours, elle se laisse faire sans rien dire. L'infirmière la pique rapidement sur le dos de la main tentant de la préserver la plus possible de la douleur dans cette zone sensible.

— Voilà, c'est fait… ça va, Léa ?

— Oui, très bien, je n'ai pas eu mal, merci !

— Super, je vais pouvoir commencer à injecter le produit de contraste maintenant.

— Tu es prête ?

— Oui, vas-y.

L'infirmière commence l'injection ; le produit se diffuse doucement, au rythme imprimé par Hayet sur le piston de la seringue. Une sensation de chaleur envahit lentement le corps de Léa du point d'injection à l'ensemble de son organisme. Elle ne trouve pas cette sensation désagréable ; la chaleur qui parcourt son corps aurait même un côté sympathique dans cette pièce qu'elle trouve glaciale. En plus, elle a la chance de ne jamais avoir développé de réaction au produit injecté. Une aubaine qui facilite grandement la réalisation de l'examen. Seule la machine la stressait réellement ; trop de bruit et de lumière dans cette pièce pour une petite fille qui commençait vraiment « à en avoir marre de tous ces examens ».

Léa savait qu'elle allait devoir boire beaucoup pour éliminer le produit de contraste ; sa maman lui avait acheté son eau préférée qui, comme l'avait conseillé le médecin, avait une forte teneur bicarbonatée et salée.

Le produit iodé permet une observation plus précise de l'organe ciblé. La qualité de l'image en est également améliorée permettant au spécialiste une analyse plus fine.

La « Tomodensitométrie du cerveau », couramment appelée scanner cérébral, utilise les propriétés des rayons X pour réaliser de fines coupes axiales.

Après l'injection, le staff médical demeure à l'extérieur de la pièce d'examen, protégé des rayons par une cloison « plombée » tout en observant le patient au travers d'une large vitre.

— On va commencer l'examen Léa… tu es prête pour la phase de lancement ?

Depuis le temps, elle connaît le protocole par cœur ; les yeux fermés, elle presse fortement son pouce et son index comme le lui a appris Fabien lors de la séance. Elle se détend peu à peu ; même si son angoisse ne disparaît pas complètement Léa a le sentiment de se sentir plutôt à l'aise par rapport aux examens précédents. Ce geste n'est peut-être qu'une diversion pour son esprit mais, qu'importe… cela fonctionne.

— Oui, prête pour le décollage, dit-elle d'une voix hésitante.

— Okeyy, je vais commencer à faire avancer le lit vers la porte des étoiles.

— Attention, 3, 2, 1… GO.

Le lit commence doucement sa progression bruyante et continue vers l'appareil avant de s'immobiliser dans la position souhaitée.

Le radiologue lance la machine pour ne pas perdre de temps.

— Ok Léa l'examen commence… Surtout… tu ne bouges pas, merci.

Concentrée, Léa garde toujours les yeux fermés pour éviter de se focaliser sur l'appareil et les divers bruits qu'il produit pendant l'examen.

Le regard rivé sur la console qui affiche les informations délivrées par le scanner, le médecin identifie les différentes zones qu'il doit observer et effectue les mesures de la tumeur dans les trois plans de l'espace.

Son regard croise celui de son assistante qui, sourcils froncés, ne quitte guère l'écran des yeux. Les nouvelles ne sont pas bonnes aujourd'hui.

— Léa tout va bien ?

— Oui, tout va bien.

— Je viens de terminer, le lit va reculer dans 3… 2… 1, c'est parti pour le retour à la base.

Le lit revient doucement à son point de départ et s'immobilise enfin, extrayant Léa du tunnel d'examen.

Léa ouvre les yeux ; Hayet qui lui sourit.

— Voilà, l'examen est terminé, tu vas pouvoir te relever doucement… sans geste brusque.

Elle lui prend les mains pour l'aider et la guider ; une fois assise Léa attend quelques instants avant de descendre de la table d'examen, toujours assistée par l'infirmière.

— Impeccable, nous allons pouvoir enlever le tablier de protection… tu vas aller te rhabiller et rejoindre ta maman.

— Ça donne quoi le résultat ?

Hayet sourit et lui répond sans être déstabilisée le moins du monde :

— Le radiologue est en train d'étudier les clichés et rédige son compte rendu ; pour le moment, je n'ai pas d'information à te donner ma puce.

Léa comprend immédiatement que les résultats ne doivent pas être satisfaisants ; lors du précédent examen, Hayet lui avait dit immédiatement que la tumeur n'avait pas grossi.

Elle regagne la cabine et se change… pensive. Son visage « fermé » n'échappe pas à sa maman qui l'attribue à l'examen lui-même.

— Alors ma chérie, ça s'est bien passé ? Tu as l'air soucieuse, Léa.

— Oui, l'examen s'est très bien passé, mais je pense que les résultats ne sont pas bons…

— Pourquoi donc ?

— L'infirmière ne m'a rien dit concernant les résultats, la dernière fois elle m'avait dit que la tumeur n'avait pas grossi.

Julie soupire en la prenant dans ses bras ; elle sait que Léa doit certainement avoir raison, mais dans quelle proportion ?

XVIII

Il est 8 h 30 lundi matin quand Fabien s'éveille. La majorité de ses nuits est catastrophique ;il aimerait pouvoir dormir d'une seule traite, au moins de temps en temps pour récupérer pleinement. Toujours le même rêve qui le hante, systématiquement, nuit après nuit depuis maintenant trop longtemps. Cet épisode nocturne revenait troubler ses nuits depuis des jours. Il s'extirpe péniblement du lit ; son corps commence à lui envoyer divers signaux de fatigue liée à ses troubles nocturnes comme à ses multiples activités sportives. Après un petit-déjeuner rapide, il se prépare, sans grande motivation, à rejoindre le groupe de son amie Sandrine dans le bois de Vincennes.

C'est en trottinant lentement qu'il les rejoint au bois. Sur place, il balaie du regard l'ensemble du groupe et constate l'absence de Julie. Sandrine s'approche de lui en souriant.

— Quel plaisir de te voir, comment vas-tu ? Tu as l'air crevé !

— Oui, c'est le cas, je suis rincé en ce moment.

— Julie n'est pas avec vous aujourd'hui ?

— Elle m'a posté un message ce matin pour me dire qu'elle accompagnait Léa à son scanner.

— Ok, cela me parle, elle me l'avait dit effectivement.

La séance débute et se termine par son petit footing pour rentrer chez lui ; il a eu deux contacts pour des séances, une femme qui souhaite arrêter de fumer et une dont le mari est stressé. Cependant, il est plus préoccupé par la petite ; il espère que son scanner se passera bien et qu'elle pourra mettre en pratique leur travail de la dernière séance. Pour le moment, il n'a toujours pas reçu de nouvelle de Julie concernant une éventuelle hospitalisation de sa fille. Toutes ses pensées le mettent de nouveau mal à l'aise, il en a dressé la liste : nœud à l'estomac, séparation, son boulot, ses nuits de merde. Beaucoup de choses à traiter en perspective. Il ne sait pas encore par où commencer.

Rentrant à son domicile, il prend conscience de l'importance prise par Léa et ses résultats de scanner.

La journée se déroule plutôt bien, Fabien n'a pas une minute à lui, mais cet inconfort viscéral ne le quitte plus. Il a beau essayer de se réguler, rien n'y fait, pas plus d'ailleurs que les quelques médicaments qu'il teste.

Il est 18 h quand il reçoit un appel de la maman de Léa :

— Bonsoir Fabien…

Sa voix tremblante est remplie de sanglots qu'elle parvient mal à dissimuler.

— Bonsoir, Julie, que se passe-t-il ?

— La bonne nouvelle est que la dernière séance a été vraiment bénéfique pour Léa, le scanner est passé comme une lettre à la poste, elle voulait que vous le sachiez.

— Tant mieux, c'est positif pour elle, nous allons continuer à travailler.

— Vous évoquiez la bonne nouvelle, c'est qu'il y en a… une mauvaise ?

Une sensation désagréable lui parcourt l'échine ; instantanément, il regrette sa question… il aurait dû laisser Julie enchaîner naturellement sans être intrusif.

— La tumeur a encore… grossi. Les médecins pensent qu'il faut tenter la chimio, une dernière fois avant de… laisser Léa tranquille.

Une boule énorme monte dans la gorge de Fabien ; il inspire avant de parler, mais pas un mot ne sort… il commence à sentir les larmes perler de ses yeux et saisit un mouchoir sur son bureau.

— Excusez-moi.

— Je vous dérange peut-être ?

— Bien sûr que non Julie, absolument pas.

Un long silence s'installe, elle sait très bien que les choses sont également difficiles pour lui. Julie avait parlé avec Annie à plusieurs reprises et souhaitait arrêter les séances pour lui épargner de nouvelles souffrances, mais Annie l'avait convaincu de le laisser continuer. Il avait besoin de trouver le chemin qu'il refusait d'emprunter depuis si longtemps ; finalement, Léa l'aiderait peut-être plus qu'il n'allait l'aider.

— Léa sera à l'hôpital quelques jours cette semaine pour des examens complémentaires… sur place, elle sera entourée par le personnel qu'elle connaît bien depuis le temps. En plus, une de ses copines est également hospitalisée.

— Vous pensez… pouvoir venir pour continuer ses séances ?

— Je… je vais regarder quand je peux avoir un créneau disponible.

— Je vous remercie, elle sera contente, à bientôt.

— Bonsoir Julie.

Il raccroche en levant la tête au ciel, la bouche ouverte pour bien respirer, puis revient dans sa positon de départ en soufflant. Il ôte ses lunettes de vue et essuie son visage en se frottant les yeux.

Rien que le fait d'évoquer l'hôpital lui est insupportable ; il ne manque plus que cela au panel des points à affronter et surmonter. Tant de souvenirs, horribles, tant de malheurs, tant de… Encore un ancrage négatif à son compteur. Toutes les émotions liées à ce lieu refont surface ; la couleur des couloirs, la lumière de néons il revoit tout. Sa fille allongée sur le lit avec, autour d'elle, tellement de machines, de cadrans lumineux, de boutons de commandes qu'elle aurait pu décoller pour la lune comme une astronaute. Sans parler des bruits du respirateur et des différents « bip » émanant des appareils… « Mais comment peut-elle dormir dans autant de bruit », avait-il pensé sur l'instant.

Quel moment de souffrance : la voir ainsi allongée comme une… poupée inanimée, une enveloppe sans âme. Il aurait tant voulu pouvoir fracasser le médecin qui s'occupait d'elle, il aurait tant aimé avoir quelqu'un à haïr et déverser sur lui sa haine, vomir sa colère. Mais ils étaient tombés sur un homme plein d'humanité qui les avait accompagnés dans leur douleur, un médecin qui soignait un être humain et non un patient. Toute cette haine, il l'avait avalée et dirigée en lui avant de la déverser sur sa femme. Elle qui pourtant avait remué ciel et terre pour leur fille. Fabien n'avait pas pu la sauver, il n'avait pu faire de miracle, il avait tout essayé. Le bouquet final avait été l'arrivée du prêtre ; Fabien qui était athée depuis toujours l'avait laissé faire son office. Comme le dit Christophe Maé dans une de ses chansons « parce qu'on ne sait jamais »…

Son smartphone vibre, le tire de sa torpeur et le sauve de ses réflexions. C'est Jo qui lui propose un resto. Fabien n'a envie de voir et de parler à personne. La solitude lui ira très bien ce soir, inutile de prendre le risque de se retrouver dans une situation complexe. Fabien ne prendra même pas la peine de répondre pour décliner l'offre ; ses pensées vont toutes dans le même sens. Une direction qui, il le sait, n'est pas bonne pour lui.

C'est dans cet état d'esprit qu'il rentre chez lui ; quelques minutes lui seront nécessaires pour remarquer les fines gouttes de pluie qui ruissellent sur ses vêtements comme les… flammes dans son rêve. Cela n'augure rien de bon pour sa nuit future.

Malgré les intempéries, le trajet se déroule tranquillement, sans encombre.

Aujourd'hui, c'est l'anniversaire d'un de ses meilleurs amis, Ludo, un copain pompier qu'il avait rencontré sur les tatamis lorsqu'il était jeune Judoka ; le destin les avait amenés à faire plus ou moins la même carrière en tant que pompiers professionnels.

Il a peu de nouvelles de son ami depuis son départ de la caserne, depuis la perte de sa fille, dont il était le parrain. Il sait parfaitement que le problème ne vient pas de son copain qui a toujours été là pour lui, se déplaçant régulièrement à l'improviste pour venir le chercher à la sortie de son cabinet et faire la tournée des brasseries parisiennes.

Mais insidieusement, Fabien s'est coupé de tout lien social ; il ne se projette plus dans le futur, vivant au jour le jour, comme un bohème. La seule chose qui le relie à la temporalité réside en son agenda professionnel.

L'eau s'infiltre de plus en plus à travers ses vêtements ; le temps d'arriver chez lui, il sera trempé. Lorsqu'il stationne son vélib, les fines gouttes se transforment en averse… d'eau ou de feu ? la nuit le dira.

XIX

La chaleur est de plus en plus forte, intenable, sa tenue de pompier lui colle à la peau comme s'ils ne faisaient qu'un. Fabien avance encore et toujours, comme un soldat, un soldat du feu. Son objectif, son but est toujours le même, cette porte au bout du couloir qui se bombe et se déforme sous l'effet de la chaleur.

Comme à chaque fois, il est subjugué par les flammes qui se déplacent cette fois comme un torrent de feu, elles glissent sur toutes les aspérités du plafond et des murs, poussées par un courant d'air ou autre, il ne sait pas. Pour le moment, il faut avancer sans faillir. Il n'a pas de raison précise pour son périple, juste qu'il faut y aller ! Avancer ! Courage et dévouement, telle est la devise des Pompiers français. Cette impression de faire du sur place est moins présente que dans ses autres rêves, mais ce n'est pas pour cela qu'il progresse plus. Dans ses mains, la lance à incendie tenue toujours aussi fermement devient de plus en plus brûlante et difficile à maintenir malgré les gants.

Depuis le début de son rêve, les flammes l'ont dépassé de part et d'autre, beaucoup plus rapidement que les autres nuits. Le torrent de feu qui roulait sur le plafond est beaucoup plus épais qu'auparavant. Même entre les murs, il sent que son espace est devenu plus restreint. La pluie fine a laissé place à des gouttes de flammes plus conséquentes qui roulent rapidement sur sa tenue. Au moment où il réussit enfin à avancer, il actionne le levier de la lance à incendie ; l'eau libérée s'échappe de toute la largeur du tuyau sur une vingtaine de centimètres pour parvenir en cloche directement au sol, se transformant immédiatement en vapeur.

Les gouttes de feu sont de plus en plus nombreuses à tomber du plafond et forment des petites flaques. Fabien actionne continuellement, machinalement et en vain le levier de sa lance à incendie. Une pluie de feu coule sur tout son équipement, ruisselant vers ses gants, ou plutôt son gant, qu'elles parviennent, comme à chaque fois, à pénétrer jusqu'au contact de sa peau provoquant cette douleur intense. De toutes les douleurs qu'il a rencontrées, c'est certainement la plus violente, si ce n'est celle de son affliction.

Fabien se réveille trempé, une fois de plus, assis dans son lit, mais quelque chose a changé. Chaque fois qu'il se réveille, une sensation de soulagement l'envahit, il est soulagé de s'extirper de ce rêve, mais là, quelque chose est différent. Fabien se sent mal… il n'arrive pas à le définir ni mettre des mots dessus. S'ensuit le rituel de la douche et du changement de tee-shirt avant de retourner se coucher pour terminer sa nuit. À peine est-il allongé que le réveil de sa montre sonne ; surpris, il l'arrête… 8 heures. Pourquoi si tôt ? Il se souvient… à 9 h 30, il a rendez-vous avec une cliente pour une séance de sophrologie, autre spécialité qu'il pratique selon les demandes et les besoins des patients. Cette double compétence est particulièrement intéressante pour l'accompagnement personnel, ce puits sans fond, tant sont nombreux les maux de l'âme humaine.

Vu son état, un solide petit-déjeuner s'impose, œufs, viande des Grisons et pain complet, sans oublier un grand café pour compléter le tout.

Pendant qu'il se sustente, le regard perdu dans la mare de sa tasse de café, il est attiré par un clignotement bleuté de son smartphone, celui des notifications de messages.

Fabien consulte son écran d'accueil et constate qu'il y en a une dizaine de réservations de rendez-vous. Rien de particulier au niveau des messages concernant son travail ; les autres émanent de Jo et d'Alexandre qui le relancent pour le voir. Jo à bien vu qu'il avait consulté son message et en l'absence de réponse, s'étonne de son impolitesse ; il sent bien qu'elle est en colère ou mécontente. Peu lui importe, il ne lui doit absolument rien, elle non plus d'ailleurs. Que voulait-elle ? Autant lui demander, se dit-il en répondant rapidement « Bonjour, désolé pour hier soir, j'avais un rendez-vous avec une autre fille, nous avons passé une soirée terrible. » il sourit avant d'effacer « Bonjour, désolé pour hier soir, je me suis couché très tôt, j'ai eu une journée éprouvante. Biz ». Une réponse de « merde » qu'il n'aimerait certainement pas recevoir.

Fabien a fixé rendez-vous à Alexandre pour le déjeuner ; il n'a pas de clients aujourd'hui entre midi et deux. L'idée d'accorder deux bonnes heures à son ami l'enchante… il n'a pas vu Alexandre depuis quelque temps déjà.

Le temps est particulièrement maussade aujourd'hui ; l'air est frais. Fabien se félicite d'avoir adapté sa tenue vestimentaire. Parvenu au cabinet, il prépare son lieu de travail selon un immuable rituel, puis passe embrasser Annie dans leur Kitchenette commune. Elle est ravie de cette attention matinale, mais remarque l'allure fatiguée de son ami. Lui qui est toujours relativement en forme porte sur son visage l'accumulation des mauvaises nuits ; sa dette de sommeil commence à être de plus en plus visible. En bonne complotiste, elle sait déjà qu'il va déjeuner avec Alexandre, ami commun avec qui elle échange régulièrement à propos de Fabien ; tous deux savent qu'il a besoin d'avancer. Il faut parfois forcer le destin ; une prise de conscience liée à l'émergence de ressentis permet de changer le cours d'une vie. Alexandre pense que cette situation peut être très bénéfique pour Fabien, à condition d'être vigilants et de l'aider. Une accumulation trop importante donc pesante pourrait être catastrophique.

— Au fait… Pierre me parle toujours de votre course, vous vous êtes inscrits ? Tu ne m'en parles plus, alors que ce projet te tenait à cœur, me semble-t-il ?

— Heu… oui oui effectivement nous n'en avons pas reparlé depuis la dernière fois.

— Je ne suis pas en super forme en ce moment… mes temps ne sont pas top à l'entraînement, la fatigue certainement. Il faut que nous nous entraînions ensemble. C'est plus motivant, je pense.

— Quelle bonne idée ! il sera ravi, à deux vous allez vous motiver, tu devrais l'appeler, je le connais, il va se poser des questions si tu ne le relances pas.

— D'accord, je n'y manquerai pas, compte sur moi.

— Oups, mon rendez-vous va arriver, à tout à l'heure. Elle sort de la cuisine en lui souriant.

La matinée se termine par une cliente atteinte de fibromyalgie qui souhaite recourir à la sophrologie. Sa première séance dure plus d'une heure trente. Fabien doit prendre énormément sur lui pour donner le change ; l'accumulation commence à se faire sentir au quotidien et cela risque rapidement de devenir problématique.

C'est d'un pas lent, mais certain qu'il se dirige au restaurant pour retrouver Alexandre qui l'attend attablé en terrasse profitant tranquillement de la quiétude des lieux. Il se lève pour l'embrasser.

— Mais que tu as… une sale tronche, mon ami !

— Au moins, je me dis que ma sale tronche va passer alors que la tienne…

Les deux amis s'attablent en rigolant.

— Comment vas-tu Alex ? nous ne nous sommes pas croisés depuis quelque temps déjà…

— Écoute tout va bien merci, je jongle entre mon cabinet et les formations à l'école d'hypnose. J'ai pas mal de petits projets à droite à gauche qui commencent à prendre forme.

— Pour tout te dire, je n'ai pas une minute à moi en ce moment, sauf pour les amis et la famille bien sûr. Il lui tape la main sur l'épaule.

— Assez parlé de moi, parle-moi de toi… tu en es où actuellement ?

— Compliqué en ce moment.

— J'ai cru comprendre.

— La période est… bizarre.

Alexandre marque une pause et prend une gorgée de café avant de prendre la parole.

— C'est quoi pour toi bizarre ?

— Tu me fais une séance ? lui répond Fabien en souriant brièvement. Il regarde ses mains en manipulant dans tous les sens une bougie qui orne la table. Puis il la repose pour répondre.

— Je me retrouve dans une situation où je dois faire face à toutes ces choses que j'ai mises de côté volontairement ou involontairement suite à la mort de ma fille.

Il marque un temps d'arrêt ; vu la vitesse à laquelle ses émotions montent, tous les deux sentent bien que le problème vient toujours de là… en même temps, ce n'est pas une surprise.

— J'avais réuss… du moins, j'arrivais à vivre en minimisant l'impact de sa mort sur ma vie, mais je suis complètement à côté de la plaque, ma vie amoureuse est un fiasco comme ma vie sociale qui elle est quasi inexistante. Je le vois avec ma patiente. Il rigole légèrement.

— Léa, j'imagine.

— Oui, c'est cela, Léa, le fait de m'occuper d'elle… c'est bizarre j'ai l'impression qu'elle m'aide plus que je ne l'aide finalement.

— Et ça fait quoi pour toi ?

— Une claque, j'ai pris une putain de claque quand elle a débarqué dans mon cabinet avec sa mère. Autant te dire que cela a été très compliqué… et quand je lui ai dit que je ne me sentais pas capable de l'aider elle m'a séché directement devant tout le monde en me disant qu'elle n'avait pas le temps nécessaire pour attendre. Et lorsqu'elle a pris le chemin de la sortie… il inspire profondément en levant les mains en l'air au niveau de ses épaules.

— Cliente suivante, Mlle Miera, c'est sorti tout seul… Je ne sais même pas d'où cela vient. Il repose ses mains sur la table.

— Et j'ai plein d'autres exemples où je dis l'inverse de ce que je ressens. Comme si mon inconscient me confrontait à la réalité, à mes réalités.

— Cela me semble un mal pour un bien non ?

— Je ne sais pas.

— Léa va être hospitalisée, elle m'a demandé si je pouvais l'aider en venant la visiter à l'hôpital pour continuer les séances. Autant te dire que l'hôpital… c'est le dernier endroit de la planète ou j'ai envie de mettre les pieds… pour le moment, je ne me sens pas capable de franchir cette étape, c'est trop dur pour moi.

— Et avec ta patiente, ça se passe comment ? tu n'as jamais travaillé avec les enfants. J'applique ce que tu nous as appris, des choses simples, magiques et qui parlent aux enfants. Je fais de mon mieux pour l'aider, son temps est compté. Donc je traite plusieurs choses à la fois sans me soucier d'une chronologie particulière. Je m'adapte à elle.

— On en est tous là tu sais, fais ce que tu penses pour l'aider, tente dès que tu penses que c'est bon pour elle. Continue à traiter plusieurs choses à la fois.

— Je vais me perdre à force.

— On s'en fout… elle te l'a dit Fabien… son temps est compté.

— Qu'est-ce qui est le plus important ?

— Ma cliente.

— Donc tu as la réponse, si tu as des questions tu sais où me trouver… tu le sais.

Il reprend une gorgée de café en le regardant droit dans les yeux.

— Au même titre que si tu souhaites que nous fassions des séances.

— Merci, Alex, je le sais, merci pour ton soutien.

— Je ne ferai pas de séance avec toi mon ami, nous sommes trop proches et nous le savons tous les deux. J'ai un copain hypno, Geoffrey, qui est vraiment très bon je dois dire… il est prêt à te recevoir quand tu le désireras.

Leur entrevue se termine sur un déjeuner, Fabien a parlé de sa dernière relation amoureuse qui venait de se terminer, ou pas, en fait il n'en sait rien. Cependant quand il s'écoute en parler il sent bien que cette histoire est derrière lui maintenant. Dommage, ils avaient eu de très bons moments, mais objectivement elle méritait de trouver une relation plus stable qu'avec lui, surtout actuellement.

La partie qui a le plus fasciné son ami Alexandre fut celle où il lui avait exposé ses rêves. Aucun jugement de sa part, encore moins d'analyse, mais beaucoup de questions. Alexandre connaissait un professeur qui s'occupait d'analyser les songes, mais Fabien n'avait pas envie d'en parler et surtout de se rajouter une contrainte qui le ramènerait toujours sur ses… problèmes.

Il repart tranquillement à son cabinet, son prochain rendez-vous doit arriver dans quarante-cinq minutes, ce qui lui laisse un peu de temps pour se préparer et même flâner sur le chemin de son bureau. En s'installant derrière son ordinateur, il prend le temps de regarder les objets et les quelques photos qui ornent son bureau.

Des photos de lui à la caserne avec ses potes, des potes qu'il n'a pas vus depuis bien longtemps ; il avait eu tendance à s'éloigner lorsqu'il avait pris sa retraite. Une photo trônait toujours à la même place, à plat. Il la prend délicatement et la retourne, un sourire apparaît sur son visage associé à une vague d'émotion quand il voit ce cliché où il porte sa fille sur les épaules. Quel moment fantastique se souvient-il. Il se remémore l'endroit et la date de la photo. Tous les détails lui reviennent comme chaque fois qu'il la regarde : les bruits, les odeurs, le vent qui caressait leurs cheveux. Sans oublier le soleil qui, en cette fin de printemps, réchauffait les visages. Un très bon souvenir immortalisé par sa femme, son ex-femme maintenant, qui avait su saisir cet instant de complicité entre un père et sa fille.

Fabien se souvient de cette après-midi où ils étaient allés à la fête foraine tous les trois… des rires de la petite sur les manèges et de la traditionnelle barbe à papa en guise de goûter, un vrai bon moment de bonheur familial partagé.

Il est comme hypnotisé par ce cliché ; il se sent complément associé à l'événement qu'il revit avec émotion.

La sonnerie du smartphone le plonge dans la réalité… un message d'un de ses clients d'après la lumière du signal d'appel. Un message de Julie qui lui demande si elle peut l'appeler sans déranger, il active la réponse automatique « ok ».

Son téléphone sonne quelques instants plus tard.

— Bonjour Julie.

— Bonjour Fabien, désolé de vous déranger, mais… Léa est toujours à l'hôpital et je voulais savoir si vous aviez trouvé une dispo pour venir lui faire sa séance. Elle marque un temps d'arrêt.

— Ou si vous aviez pris une décision… Elle marque un temps d'arrêt avant de reprendre.

— Je comprendrai parfaitement que vous ne puissiez pas.

Fabien a les yeux rivés sur son bureau ; il balaie du regard tous les objets qui s'y trouvent, machinalement, comme s'il cherchait quelque chose inconsciemment. Jusqu'à se fixer sur une pièce disposée juste en face de lui, au pied de son écran d'ordinateur. La pucelle de la BSPP[16], avec sa devise « SAUVER OU PÉRIR ». Cette breloque lourde de symboles le renvoie à tant de valeurs qu'il avait ardemment souhaité servir quand il rêvait, avec son ami Ludo, de rentrer à la BSPP. Lui qui avait affronté tant de dangers dans sa carrière était en train de fuir quelqu'un qu'il pouvait secourir… cette prise de conscience lui était totalement inacceptable. Il saisit l'objet sans le quitter des yeux, puis referme la main dessus en la serrant fermement.

— Je peux venir demain matin si Léa est disponible.

Surprise, Julie marque un long silence avant de reprendre la parole :

— Super, demain c'est très bien, je sais que le matin elle n'a pas d'examen.

— Parfait alors à demain, je vous laisse me poster l'adresse exacte.

— Oui bien sûr, au fait j'ai la doctoresse qui s'occupe de Léa qui souhaiterait vous voir. Elle s'intéresse énormément à l'hypnose.

— Avec plaisir.

— Super bonne journée.

— À demain Julie.

Fabien repose son téléphone ; il a machinalement replacé la photo au même endroit, le côté face toujours contre le bureau… pour s'éviter, sans doute, trop de souvenirs.

Avant de ranger son smartphone, Julie regarde un bref instant le portrait de sa fille en fond d'écran ; depuis le bureau des infirmières, Nathalie la doctoresse en charge de Léa l'observe tout en remplissant de la paperasse. Elle a l'impression de voir Julie bouger au ralenti tellement la situation la fatigue ; son geste pour ranger son portable semble interminable. Elle reste plantée là, seule sous les barres de néons qui courent jusqu'au bout du couloir, le regard fixé sur tous les dessins d'enfants qui ont eu la chance de s'en sortir et de quitter

[16] Brigade des Sapeurs-Pompiers de Paris.

l'hôpital. Nathalie sent qu'elle doit être présente pour Julie à cet instant ; elle ôte ses lunettes, les plie et les accroche à sa blouse en se dirigeant vers la mère de sa patiente. Elle pose la main sur l'épaule de Julie, la tirant de cette rêverie improbable ; le dessin de sa fille ne sera jamais accroché sur ce mur.

— Voulez-vous un café ou un thé ?

— Merci, mais en ce moment je vais éviter tout ce qui pourrait m'empêcher de dormir.

— Je peux vous faire une ordonnance pour un médicament qui peut vous aider sans pour autant vous shooter.

Julie la regarde avec un sourire avant de lui répondre :

— Vous êtes gentille, mais comme je vous l'ai déjà dit je n'y tiens pas, il y a trop de médicaments dans mon entourage, dans ma vie… je préfère avoir les idées claires.

— Comme je vous comprends… j'aime beaucoup faire du sport pour trouver une fatigue naturelle, vous faites toujours vos séances à Vincennes ?

— Oui, j'arrive, ou plutôt j'ai encore la force d'y aller dès que possible, le bois me fait beaucoup de bien. Des arbres, de l'herbe, la nature aux portes de Paris, l'idéal.

— C'est là où j'ai fait la connaissance du praticien en hypnose qui s'occupe de Léa ; il doit venir demain pour lui faire une séance.

— Ha oui, nous en avions parlé en plus, j'aimerais beaucoup y assister, les résultats liés à l'hypnose sont probants, semble-t-il. Je devais suivre une formation à la Salpêtrière,[17] mais comme toujours faute de temps je n'y suis jamais allée…

— En plus, il est plutôt beau garçon, lui dit Julie en souriant.

— Alors là ! si en plus il m'hypnotise je suis foutue…

Les deux femmes rient de bon cœur en se regardant ! Nathalie pose la main sur l'épaule de Julie avant de retourner travailler.

Julie regarde une dernière fois le mur de dessins où sa fille ne pourra jamais accrocher le sien…

[17] Hôpital parisien situé dans le 13e arrondissement.

XX

Il est 17 h quand Fabien arrive sur un « spot » de sport dans le bois de Vincennes. Il n'y a pas mis les pieds depuis un certain temps ; ce sont des agrès situés sur un parcours sportif. Quelques barres métalliques permettent de faire des tractions. Un de ses gros points forts lorsqu'il était pompier ; il parvenait à en effectuer pas loin d'une quarantaine… stricts, bras tendus et coudes déverrouillés. Mais c'était une autre époque, maintenant révolue. Fabien est déjà chaud… trente minutes de « fractionné » dans les jambes pour être prêt à envoyer sur son wod[18] du jour nommé Cindy, 5 tractions, 10 pompes et 15 air squats qui représentent un « bloc » à répéter le plus de fois en vingt minutes. Aujourd'hui, il est parti tôt, il n'avait pas de client. Autant en profiter pour se mettre une grosse séance pour « tabasser son cardio[19] » tout en se vidant l'esprit, et dégager cette boule qui le tient depuis des jours…

Sur place quand il arrive, les trois barres de tractions sont prises. Merde, se dit-il, en s'approchant, il reconnaît directement les tenues de la BSPP[20].

— Salut, les gars, y a-t-il moyen de tourner avec vous ?

— Bonjour, pas de problème, vous voulez tourner comment ?

— J'ai un petit wod à faire en fait… le Cindy, vous connaissez, j'imagine ?

Les gars se marrent, en se regardant :

---

[18] Wod : « workout of the day »… la séance d'entraînement du jour. Ces séances qui diffèrent selon leur contenu reçoivent un nom ; ici, il s'agit de la séance « Cindy ».

[19] Cardio : abréviation de « cardio training », l'entraînement cardio-vasculaire lors d'un effort d'intensité progressive a pour but, entre autres, d'améliorer les performances cardio-respiratoires.

[20] Brigade des Sapeurs-Pompiers de Paris.

— Ouais en fait on est tous dans une box[21] de crossfit sur Panam ; perso moi ça me branche bien de faire un wod de groupe.

Il se tourne vers ses deux acolytes qui acquiescent également.

— Ha, c'est cool, bonne idée à plusieurs on va envoyer.

— Vous voulez partir sur les 20 minutes traditionnelles ?

Les pompiers se marrent :

— On est plus sur du… il se retourne et regarde ses potes… 30 minutes.

Julien a compris, les mecs veulent jouer, ils vont en avoir pour leurs pognons les gamins.

— Ok ok, vous proposez quoi pour le perdant ?

— HAAAAAA, du répondant ! le perdant paye sa mousse.

— Ok mais minimum une pinte sinon je ne me déplace pas !

Ils éclatent de rire, l'ambiance est sympathique et le wod va être cardio. Fabien sait que les gars vont faire des tractions de type crossfit pour aller plus vite… il n'aime pas du tout. Mais par contre, il connaît et maîtrise la technique… ils ne vont pas l'avoir facilement.

Le chrono est placé en hauteur pour que tout le monde le voie et la bataille commence dès le départ du timing. Les pompiers partent fort, très fort, Fabien sait qu'il ne peut pas démarrer aussi vite et se contente de suivre le mouvement, en étant légèrement en dessous de ses performances. Ils vont devoir ralentir tôt ou tard. Sauf s'ils se chargent comme des mules, mais ce n'est pas trop dans l'esprit des pompiers. Les résultats sont serrés, il reste à 1 ou 2 tours du premier et dans les temps des deux autres.

Plus de 25 minutes… la congestion commence à se faire sentir au niveau des bras et des pecs[22]… les musculeux commencent à baisser en rythme. Fabien ne veut pas se contenter de battre les deux pompiers qui sont dans ses temps. Il est bien décidé à aller chercher le meilleur ; il commence à accélérer tout doucement pour effacer son écart. Les deux autres ont bien compris qu'ils avaient perdu et se battent pour ne pas finir derniers. Fabien lance la machine pour essayer de mettre son adversaire

[21] Une salle de crossfit.

[22] Muscles pectoraux.

dans le rouge en imprégnant un faux rythme. Et ça marche, il essaie d'accélérer pour ne pas se faire rattraper. Ce fut sa première erreur, la deuxième étant de vouloir relancer pour prendre de l'avance.

Fabien a retrouvé ses sensations au niveau des tractions… une machine… il dépose ses adversaires et termine avec un tour d'avance sur le deuxième.

— Putain tu m'as flingué, lui dit son principal adversaire au classement, « j'ai envie de gerber bordel. »

Les gars se tapent tous dans les mains pour se féliciter.

— Bon, les gars, je dois décoller, merci pour le wod d'équipe.

— Hé, on a perdu, passe nous voir à la caserne de Vincennes vendredi et demande Pti Jo, on te rincera comme il se doit pour célébrer notre défaite… en plus, on fait un BBQ[23].

— Je fais au mieux… merci les gars !

— Salut bonne soirée.

Fabien reprend le chemin de son appartement tranquillement, il n'avait pas prévu cela aujourd'hui, lui qui partait pour une séance simple avait bien envoyé en termes d'engagement moteur. La note risquait d'être salée les prochains jours !

Quand il arrive chez lui, il consulte son smartphone et lit le message de Julie lui indiquant le service et l'étage de la chambre de Léa. Le W.O. D de demain promettait d'être plus compliqué que celui d'aujourd'hui…

---

[23] Barbecue.

XXI

Dans sa chambre d'hôpital, Julie, près de Léa qui n'arrive pas à s'endormir ; elle se sentait très fatiguée en fin d'après-midi et n'avait pas tardé à aller se coucher pour trouver le repos. Mais ses maux étaient revenus en pleine nuit… des douleurs dans tout le corps, couplées à ces nausées qui ne la quittaient plus. Léa avait l'impression qu'on martelait l'intérieur de son crâne. Douleur et fatigue devenaient de plus en plus insupportables à tel point que parfois elle en venait à espérer que tout s'arrête. Des pensées et des mots tellement durs à entendre de la bouche d'une enfant ;Julie n'avait pu retenir ses larmes. Ces mots l'avaient ramenée à la perte de sa mère qui, très âgée, tenait les mêmes propos avant de mourir… elle en avait marre.

— J'essaie d'appliquer ce que j'ai fait avec Fabien, mais c'est dur, tu veux pas m'aider maman ?

— Je ne sais pas ce que vous faites, hormis ce que tu m'as raconté.

— Raconte-moi une histoire où je vole, où je sors de mon corps pour voler loin des douleurs, je verrai le reste.

Léa a les yeux fermés et semble se rendormir ; sans y réfléchir, les mots sortent de la bouche de Julie.

Des mots, des phrases qui reprennent toutes les séances minutieusement décrites par sa fille, tous les ressentis positifs qui avaient émergé, surpassant la douleur pour la guider dans un endroit, une zone où, pendant un certain temps, elle pourrait se sentir libérée de toutes ses douleurs.

Quand Julie s'arrêta de parler, sa fille dormait depuis longtemps ; sa respiration paisible incita sa maman à se coucher à côté d'elle. Elle ferme à son tour les yeux et se laisse bercer par la douce respiration de sa fille. Elle repense à ce qu'elle vient de raconter à Léa. Quelle belle histoire… ! et à son tour, sombra dans le sommeil.

XXII

10 h, Fabien arrive à l'hôpital la boule au ventre… témoin de ce stress sous-jacent qu'il a tant de mal à évacuer en ce moment. Il a une demi-heure d'avance avant de pouvoir visiter sa cliente. Assis sur un banc en face du bâtiment où se trouve Léa, il attend en lisant ses cours, ses notes ; il se considère comme un éternel apprenti et n'hésite jamais à relire les bases de son métier. Fabien aime lire les travaux de Milton H Erickson, notamment l'extrait d'une lettre écrite à un ami.

Je me demande parfois ce qu'est la psychothérapie. Certainement pas la théorisation complexe de la psychanalyse. Certainement pas n'importe quel corps organisé de pensées. C'est plutôt une relation humaine dans laquelle patient et thérapeute, par un jeu complexe d'interactions, s'évertuent à atteindre un objectif commun : un patient qui pense, ressent et agit dans son propre cadre de référence tel qu'il le comprend à présent, et avec la liberté de modifier ses compréhensions actuelles.

Cette relation humaine entre le thérapeute et son patient est la base de la synchronisation et de la réussite. Il aime se remettre régulièrement en tête ce socle majeur ; l'importance de la synchronisation entre le client et le praticien est fondamentale pour la réussite d'un accompagnement.

Il est perdu dans ses pensées lorsqu'il entend crier son prénom :

— Fabiennnnn.

— Fabiennn, Fabiennn.

Il scrute les étages du bâtiment d'où proviennent les appels et remarque deux silhouettes faisant de grands gestes depuis une fenêtre.

C'est Léa qui lui fait signe du deuxième étage avec une autre personne à côté d'elle… une gamine du même âge, mais il n'en est pas certain. En arrière-plan, il distingue également la silhouette de Julie qu'il reconnaît parfaitement.

Il leur fait signe en se levant pour se diriger vers l'entrée du bâtiment. Lorsque les portes coulissantes du seuil s'ouvrent, il inspire profondément et marque un temps d'arrêt avant d'entrer dans l'immeuble. Dans quelques minutes, il accédera à la porte du service où séjourne Léa.

Il traverse le couloir… un couloir comme tous les couloirs des hôpitaux… des couloirs finalement identiques avec leurs barres de néons alignées, leurs murs blancs et leur odeur caractéristique. Autant de détails l'amenant à détester ce type d'endroit qui lui rappelle nombre de choses négatives. La traversée est difficile pour Fabien ; pour se faciliter la tâche, il se concentre sur son objectif en cherchant au plus vite l'ascenseur qui le hissera au service. La parfaite signalétique simplifie sa quête. Parvenu à l'étage souhaité, il est accueilli dans un sas par un préposé au filtrage des entrées.

Fabien se présente à l'infirmière qui, après vérification, lui indique la marche à suivre ; guidé par les numéros de chambres il accéde à celle de Léa.

En remontant ce long couloir, il est assailli par une multitude d'images, d'émotions qui le touchent particulièrement ; des mômes sans cheveux sont cloîtrés dans des pièces exiguës, entourés d'adultes tourmentés qui paraissent contents et heureux, pour mieux tenter de donner le change à leurs enfants. Tous ces gamins obligés de demeurer en milieu hospitalier pour survivre, alors qu'ils pourraient courir dehors et profiter de la vie… Cette vie qui se montre parfois, souvent même, tellement injuste.

Fabien ne peut s'empêcher de repenser à tous les gens qu'il avait côtoyés professionnellement pendant toutes ses années à la BSPP, toutes ses personnes qu'ils avaient secourues, toutes celles qui l'avaient dégoûté de la nature humaine et pour lesquelles il n'éprouvait aucune compassion. Le raccourci serait de penser que telle ou telle personne mérite ou ne mérite pas de vivre ; il l'avait parfois emprunté à ses débuts. L'expérience lui avait démontré maintes fois que l'on ne pouvait, et ne devait pas, juger les gens sans connaître leurs histoires. Les choses sont parfois tellement surprenantes…

Fabien se rapproche de la chambre de Léa, les murs du couloir sont ici décorés de motifs enfantins plutôt joyeux, des dessins et fresques ornent des pans de mur entiers. Il s'attarde sur certains d'entre eux tout en continuant à avancer.

Quand il arrive devant la chambre 9, celle de Léa, il marque un temps d'arrêt avant de frapper. Il ferme les yeux et respire profondément puis toque par deux fois. Julie vient lui ouvrir, elle est en compagnie d'une doctoresse qui se retourne et lui fait face quand il entre dans la chambre. Fabien a un léger mouvement de recul. Il ne s'attendait pas à une femme aussi belle. Une trentaine d'années, les cheveux longs, de grands yeux bleus en amande, naturelle, sans maquillage tout ce qu'il apprécie chez une femme. Elle le fixe également sans bouger.

Julie perçoit immédiatement qu'il se passe quelque chose, elle sourit de se retrouver au milieu des deux ;

— Fabien, je vous présente Nathalie la doctoresse qui s'occupe de Léa.

— Bonjour docteur enchanté de faire votre connaissance.

— Moi de même, Julie m'a beaucoup parlé de vous et Léa, je ne vous raconte même pas, dit-elle en souriant.

Un petit blanc s'installe entre eux, comme des adolescents qui font connaissance.

— Sinon, bonjour Fabien, enchaîne Léa.

— Bonjour Léa.

— Je te présente Sabrina, ma copine du centre.

— Bonjour Sabrina.

Une fois qu'il recentre son attention sur l'environnement, Fabien remarque qu'il y a beaucoup trop de monde dans cette pièce pour lui et commence à se sentir vraiment mal à l'aise, son attitude le trahit.

— Nathalie et Sabrina vont rester pendant la séance comme cela, elles vont voir ce que tu fais.

Elle le prend de court… il cherche ses mots pour arriver à ses fins… être le moins nombreux possible dans cette maudite pièce. Son salut viendra du médecin ; Nathalie a rapidement analysé la situation et vient à son secours pour mettre un terme à cette position délicate qui embarrasse Fabien.

— Tu sais Léa j'ai du travail et Sabrina ne devrait peut-être pas rester pour cette première séance ici.

— Peut-être pourriez-vous nous faire une séance de groupe par la suite Fabien ? s'enquiert Nathalie qui cherche à son tour un soutien pour débloquer la situation.

Fabien est perdu dans ses pensées, tout l'horripile ici, le lit… la chambre… la lumière. Heureusement qu'il n'y a pas de machine.

— Fabien ?

— Oui, pardon, vous disiez ?

— Elle te demande si tu peux faire une séance de groupe à l'occasion.

— Cela est effectivement envisageable.

— Parfait, dans ce cas, nous en parlerons à l'issue de votre séance si vous êtes d'accord.

— Oui, bien sûr.

Nathalie est étonnée de son attitude, elle s'attendait à une personne plus encline à la communication. Elle trouvait Fabien plutôt fermé au premier abord, chose étonnante pour un professionnel qui accompagne les gens ; son comportement va à l'encontre de tout ce que lui ont raconté Léa et sa maman. Quand elle sort de la chambre en compagnie de Julie, cette dernière entame directement la conversation au sujet de Fabien.

— Ne vous fiez pas aux apparences, c'est une très belle personne et je ne parle pas de l'apparence comme vous avez pu le constater, dit-elle en souriant.

— Il me semble tellement fermé pour un praticien, effectivement je m'attendais à autre chose, je dois avouer.

— J'imagine, mais sans vouloir être intrusive dans sa vie privée je peux vous dire que le fait de venir ici est très difficile pour lui.

— Un peu… Paradoxal pour un ancien pompier non ?

— Pas tant que cela quand on connaît son histoire, pas du tout étonnant même.

Nathalie semble sceptique et préfère s'orienter vers sa visite :

— OK, on se voit tout à l'heure, j'ai des patients qui m'attendent.

Nathalie part tranquillement vers ses jeunes malades, tandis que Julie s'assied dans le couloir.

— Tu vas bien ? demande Léa.

— Ça va, et toi ? Comment te sens-tu aujourd'hui ?

— J'ai toujours des douleurs que j'aimerais faire partir, des maux de tête et de ventre à cause de la chimio, c'est pas toujours présent, mais quand elles arrivent c'est douloureux.

— On va travailler dessus.

Fabien est avec Léa depuis une trentaine de minutes ; sa copine Sabrina a également rejoint sa chambre en attendant qu'elle soit disponible. L'induction a été profonde et la séance a, semble-t-il, beaucoup plu à Léa qui se sent beaucoup mieux ; reste à voir comment cela va se passer sur le long terme. Les attentes et les besoins de Léa sont les mêmes ; cela facilite grandement la tâche de Fabien, l'action globale est positive. Il sait très bien que par la suite, plus sa santé déclinera, plus le mental sera primordial ; malheureusement au bout d'un certain temps seuls les médicaments seront à même de calmer, du moins d'atténuer, sa douleur.

À la fin de la séance, Léa paraît éprouvée et souhaite un temps de quiétude ; Fabien quitte la chambre pour la laisser se reposer tranquillement. Sa maman se lève et lui sourit.

— Elle souhaite se reposer, la séance l'a un peu fatiguée, semble-t-il.

— Une bonne fatigue, j'imagine, dit-elle en souriant.

Un homme arrive à leur niveau, son visage est pâle, lui aussi n'est pas du tout à l'aise ici ; Léa a le même regard que lui et certains traits de visage.

— Fabien, je te présente Robin, le papa de Léa.

— Bonjour, monsieur, enchanté.

— Moi de même, je vous remercie pour le travail que vous faites pour Léa, c'est fantastique, elle est aux anges.

Il fait une grimace en tournant plusieurs fois la tête.

— Elle est aux anges, mon Dieu, qu'est-ce que je viens de dire.

— Ce n'est qu'une phrase Robin, que des mots, va la voir, elle se repose.

Robin avance la tête baissée en direction de la chambre de sa fille, il est à bout.

— Il faudra l'aider quand elle sera partie, vous savez…

Fabien vient de se prendre un flash de plein fouet ; il se revoit dans le même état à l'hôpital, les larmes lui viennent immédiatement quand il repense à ce moment, tellement lointain et proche à la fois.

Une fois de plus, son ancrage l'aide à remonter, mais pas autant que les autres fois ; il sent bien que la charge émotionnelle accumulée devient beaucoup trop lourde à gérer, elle a besoin de sortir.

Il savait que l'épreuve serait rude pour lui et qu'elle risquait certainement de l'annihiler complètement. Cependant, Fabien était toujours là ! Toujours en place, personne ne l'avait contraint à venir. Il n'avait jamais allégué de quelconques excuses pour se défiler. Malgré la situation, il était en accord avec lui-même sur son engagement.

Julie le regarde avec une certaine empathie qui n'est pas sans le mettre mal à l'aise. C'est elle qui est la plus à plaindre… sa fille est mourante et son mari est à la « ramasse complète ». Elle porte tout le monde sur ses épaules.

Soudain, il sourit ; en la regardant, il se remémore le comportement qu'avait adopté sa femme il y a quelques années… Fabien prend pleinement conscience de ce qui s'était réellement passé, de tout ce qu'elle avait fait pour lui, pour eux. Il avait pourtant déversé sa tristesse sur son ex-femme, alors que, comme Julie, elle avait porté « la culotte » tout au long de cette terrible épreuve.

Fabien, dans l'expectative d'un miracle, l'avait fustigée pendant toute cette période. Alors qu'elle le rassurait par des propos laudatifs, au lieu de faire de même, il s'était contenté de la blâmer.

Des années… il lui avait fallu des années et un couloir d'hôpital avec ses lumières blafardes pour percuter et se rendre à l'évidence. L'ensemble de sa vie actuelle avait bien évidemment contribué à cette émergence de ressentis, à cette prise de conscience… tardive. Mais au moins, elle avait eu lieu ! À lui maintenant de voir ce qu'il allait en faire.

Ses souvenirs le ramènent à une journée de formation avec Alexandre qui avait fait une partie de son cours « sophismes et les fausses croyances en tous genres ». Il était en plein dedans depuis des années.

— Fabien.

— Oui.

— Vous allez bien ? lui demande Nathalie qui revient de ses consultations.

— J'ai connu mieux.

Cette réponse spontanée le fait tiquer… une réponse certes sincère, mais inappropriée eu égard aux circonstances de son intervention à l'hôpital.

— D'accord.

— J'ai un lointain différend avec le milieu hospitalier, du moins avec l'environnement.

— Vous me rassurez, je pensais que vous détestiez le personnel ! s'exclame-t-elle en souriant.

Il soupire profondément, observant Julie dans la chambre de Léa, debout derrière son mari une main sur son épaule.

— Voulez-vous prendre un café ou un verre d'eau ?

Nathalie à bien compris qu'il fallait le sortir de cet endroit, et qu'importent les raisons. Elle a suffisamment d'expérience pour comprendre qu'il doit décrocher rapidement.

— Oui, avec plaisir, dit-il en hochant plusieurs fois la tête.

Ils prennent le chemin de la cafeteria côte à côte.

— Vous savez, l'hypnose m'intéresse beaucoup pour aider mes patients. Je pense pouvoir travailler sur la douleur d'après ce que j'en ai vu et lu.

— En hypnose, on « fait » de l'humain… objectivement, nous ne travaillons pas sur des patients ou des clients. Le champ d'application est tellement vaste qu'un large panel d'actions s'offre à nous. Je sais qu'en milieu hospitalier l'hypnose est principalement utilisée contre la douleur… en analgésie pour faire descendre le curseur de la douleur si je puis dire.

— Oui, j'ai lu effectivement qu'il n'y avait pas de libération d'opioïdes[24] endogènes[25].

— Vous pouvez travailler sur la douleur de bien des façons en ayant des résultats parfois étonnants ; il y a peu de barrières entre le réel et l'imaginaire chez les enfants… cet état leur est plus ou moins habituel. La synchronisation et la confiance sont des éléments nécessaires pour faire de l'hypnose avec eux, la créativité est primordiale.

— J'ai constaté effectivement les changements sur Léa.

— Généralement, on demande aux parents d'assister aux séances ;ils connaissent parfaitement leurs enfants et peuvent nous apporter de l'aide. Léa n'a pas souhaité la présence de sa mère et j'ai rencontré son père la première fois aujourd'hui. Je sais qu'ici vous pourrez plus facilement le faire. Du moins, je l'imagine.

Nathalie est captivée par leur échange et n'a qu'une hâte, découvrir le travail de Fabien de façon plus précise.

— J'instaure dans mon service un travail d'équipe avec les parents pour le bien-être des enfants. En même temps, cela me permet

---

[24] Substance dont l'effet est comparable à celui de la morphine.

[25] Produits par le corps lui-même.

d'intervenir pour soutenir les familles en mettant différentes spécialistes dans la boucle, pour les accompagner personnellement. Comme dans le cas de Robin, mais j'imagine que vous vous êtes rendu compte de sa grande détresse.

— Effectivement, il y a quelques années, votre approche m'aurait… vous commencez quand votre cursus ?

— Ma formation débute en janvier prochain, j'ai vraiment hâte d'y être.

— Vous pourriez nous faire une séance ?

— Vous parlez du personnel du service ?

— Par la suite, pourquoi pas… avec plaisir, mais je parlais des enfants hospitalisés.

Fabien reprend immédiatement un coup de stress. Cette « boule » sous-jacente remonte instantanément dans son abdomen.

— Léa a été un fantastique porte-parole hier, elle nous a raconté la première fois où elle a volé. Il y avait tellement d'étoiles dans ses yeux Fabien.

— Faites-les voler, aidez-les à s'évader… à sortir d'ici.

Nathalie met tellement de cœur dans ses propos qu'il se sent touché par son implication. La cafétéria est déserte à cette heure de la journée :

— Que voulez-vous, Fabien ? café, jus d'orange ou autre ?

— Un café serré s'il vous plaît… il la regarde dans les yeux avant d'ajouter…

— Avant d'aller faire voler les enfants, il va me falloir de l'énergie… beaucoup d'énergie même.

— Aaah ! c'est super, j'ai hâte.

Et moi donc, pensa-t-il… il allait rester plus longtemps ;Fabien ne savait pas trop où il allait mettre les pieds, mais il en venait à se demander pour qui il restait vraiment. Nathalie ne lui était pas indifférente depuis le premier regard, il avait la conviction que c'était réciproque.

Elle s'éloigne de lui pour passer un coup de téléphone à ses infirmières afin de caler une séance avec les enfants et les parents qui le souhaitent… une séance découverte. De son côté, Fabien se demande ce qu'il va faire. Il va devoir « convaincre » les parents et surtout… en priorité… les enfants. Les idées foisonnent dans sa tête… les parents, objectivement, on s'en fiche pour le moment… Seuls les enfants comptent dans cette séance ; il doit raisonner en enfant et non en adulte. En voulant plaire aux parents, il est certain de se planter complètement. Ils cautionneront si leurs enfants adhèrent. Alexandre pourra lui apporter une foule d'informations et de contacts par la suite.

— Excusez-moi, je calais votre séance avec mes infirmières.

— Pas de problème.

— Autant vous dire qu'elles seront toutes présentes, elle sourit.

Fabien arbore une mine blasée, mais il va se retrouver avec tout le service dans une pièce remplie de gamins, dont il appréhende les pathologies. En fait, les adultes lui causent peu de soucis ; vu le nombre de groupes qu'il côtoie pour des séances de sophrologie en entreprise, l'exercice est plutôt dans ses habitudes. Sa seule hantise : les enfants… seront-ils en fauteuil et/ou sur des lits, avec des appareils, des machines pleines de lumières et de…

— Vous allez bien ?

Elle le sauve au moment où il allait définitivement sombrer dans une foule de questions déstabilisantes.

— Effectivement, oui, oui, j'ai un peu chaud, je dois dire.

— Moi aussi, je vais nous chercher deux verres d'eau et après on y va.

Les choses étaient claires, Nathalie savait gérer sa barque et avait compris qu'elle devait le traiter comme un patient qui avait besoin qu'on le guide dans cet univers hospitalier qu'il n'appréciait guère.

Médecin depuis presque quinze ans, elle maîtrise parfaitement son sujet et l'accompagnement des familles lui est rapidement apparu comme un élément capital dans le suivi de ses jeunes patients. Elle a embrassé la profession par vocation et choisi de s'occuper des enfants après son internat.

Elle souhaitait faire une spécialité qui l'anime ; Nathalie ne voulait pas évoluer dans une spécialité qui puisse lui sembler un jour inintéressante, voire rébarbative. Les enfants lui apportaient beaucoup de joie et d'enrichissement personnel. Elle était admirative devant leur courage, leur sincérité sans filtre. Les enfants ne trichent pas ; elle préfère travailler avec eux, même si, malheureusement, certains sont parfois emportés par la maladie ; mais elle n'a pas de problème de conscience à ce sujet. Dans son métier, on fait et donne le meilleur de soi-même pour aider les autres. Le syndrome du sauveur n'a pas sa place ; on se contente de composer avec la nature… rien de plus.

XXIII

Quand Fabien remonte le couloir pour se diriger vers la pièce où l'attendent les enfants, il a l'impression d'être dans son monde, cette bulle où il n'entend rien. Sur le chemin, il se surprend à compter le nombre de néons qui jalonnent son itinéraire avant de se recentrer sur son parcours.

Il frappe à la porte puis hésite à entrer dans la foulée avant de se raviser. Nathalie vient lui ouvrir. Stéthoscope autour du cou, cheveux attachés, elle est encore plus ravissante que lors de leur première rencontre. Même si l'image de Nathalie reste dans un coin de ses pensées, cela ne suffit pas à capter et détourner complètement son attention. Fabien rentre dans la pièce sans hésitation, comme pour mettre fin au suspense, et enfin savoir à quoi, ou plutôt à qui, il va être confronté.

La pièce est en fait une grande chambre double où se trouvent un groupe d'adultes, dont le personnel soignant, agglutinés dans un coin et de l'autre côté les enfants, les patients, au nombre de quatre dont Léa.

Il scrute l'assemblée et d'emblée un petit garçon d'une dizaine d'années focalise son attention. Certainement le résident permanent de la chambre au vu du matériel qui se trouve à côté de lui. Ce fameux matériel qui l'horripile tant, avec ses bruits et ses lumières qui le transportent immédiatement dans ses lointaines images. « En même temps, tu t'attendais à quoi ? » pensa-t-il. Tout le monde le toise de haut en bas ; Nathalie le présente brièvement avant de lui laisser la parole. Il est accaparé par le bruit et les lumières des appareils, hypnotisé par cet ensemble qui capte son attention l'empêchant de se recentrer sur ce qui l'a amené ici.

— Bon, tu te réveilles, ils attendent tous pour voler.

Léa vient de le sortir de ses tracas avec son franc-parler habituel.

Fabien se ressaisit instantanément pour se présenter brièvement avant d'enchaîner directement sur un échange interactif avec les enfants afin d'évaluer ce qu'ils connaissent de la pratique. Cela lui permet de casser certaines fausses croyances et d'enchaîner sur un discours préhypnotique dans lequel il va adapter tout son vocabulaire à son jeune public. Se transformer en magicien, en conteur d'histoire. Il faut la jouer fine, Léa a tellement vendu son expérience qu'il ne peut prendre le risque de partir sur autre chose au risque de se planter.

Dans cette chambre règne le silence, ponctuellement entrecoupé par les bips de la machine qui maintient Léandre en vie. Des sons qui résonnent presque de manière hypnotique sans troubler l'assemblée totalement captivée par l'intervention de Fabien. Lui ne s'occupe que des enfants ; derrière, les adultes ont le choix de tester ou d'être spectateurs. Nathalie écoute, regarde et apprend. La gestuelle, la voix englobante et l'implication du praticien favorisent une synchronisation complète avec son petit groupe. Fabien passe trois exercices qu'il a préalablement expliqués aux enfants. Une vision périphérique puis il se ravise avant de proposer la contraction/décontraction. Il avait eu un doute sur les capacités de Léandre à réaliser cette technique notamment avec sa perfusion. Un exercice de saturation sera certainement plus adapté et lui permettra d'installer une certaine transe dans l'équipe avant de partir pour une association/dissociation. Pour ce dernier exercice tant attendu par les enfants, il a fait « voler » son petit groupe, par le biais de la légèreté, pour voyager dans la pièce et ailleurs. Il a laissé les enfants choisir un animal qui « parle » à tous, pour le leur associer pendant la séance. La licorne ayant fait l'unanimité, ils ont pu vive cette expérience d'envol dans la peau de l'animal fantastique avant d'évoluer dans les airs. Fabien a fait une séance plus longue et légèrement différente de celle qu'il avait proposée à Léa afin qu'elle puisse vivre quelque chose de nouveau. Au terme d'une séance de 45 minutes, il ramène tout son groupe « ici et maintenant ».

Quand il se retourne pour observer les adultes, il constate que tous ont vécu la séance, y compris Nathalie qui pourtant avait émis le souhait de se poser uniquement en observatrice. Elle s'était prêtée au jeu des exercices et n'avait pu résister à la saturation qui l'avait fait complètement partir en transe.

Quand Fabien quitte l'hôpital, il se sent bizarre, comme si quelque chose venait de se passer. Les enfants étaient ravis, mais ils n'avaient pas manifesté plus d'enthousiasme que Léa. De leur côté, les adultes avaient complètement adhéré. Il se souvient que Léa ne lui avait rien dit à l'issue de sa première séance. Si Annie n'avait pas capté la conversation entre elle et sa mère peut-être n'aurait-il pas eu de retour immédiat. « Sois patient », lui disait Alexandre, « laisse aux gens le temps de prendre conscience des choses ». Pour l'instant, l'image de Nathalie envahit son esprit.

Comment ne pas penser que sa vie part actuellement dans tous les sens… tout cela à cause… ou peut-être grâce… à un seul rendez-vous… à une seule personne. Il oscille entre douleurs, prises de conscience et bonheur. Bonheur d'une belle rencontre finalement. Nathalie le raccompagnait jusqu'à la sortie d'Hôpital ;

— Vous allez bien Fabien ? vous me semblez pâle.

Fabien sourit ; plus il approche de la sortie de cet établissement… mieux il se sent !

— Écoutez… cela va plutôt bien, je dois dire, j'approche de la sortie, dit-il en souriant.

Ils avancent tranquillement, accompagnés par ces barres de néons qui semblent les guider vers les portes de l'hôpital. Une fois à l'extérieur, elle s'arrête, lui faisant face :

— Pensez-vous qu'il soit possible de se revoir dans un autre contexte… pour faire connaissance ?

L'étonnement a dû se lire sur son visage, car elle s'est immédiatement confondue en excuses :

— Je suis ridicule de vous proposer cela dans un tel contexte… excusez ma maladresse !

— Oui, bien sûr, avec un grand plaisir, j'avais envie de vous le proposer et je cherchais mes mots, vous avez été plus rapide.

Encore une réponse qui sortait de nulle part, mais dont l'entrain ne laissait aucun doute sur le ressenti de Fabien vis-à-vis d'elle. Nathalie avait d'ailleurs rougi ; elle ne s'attendait peut-être pas non plus à une réponse aussi spontanée de la part de cet homme qui lui paraissait plutôt discret et réservé.

Ils s'étaient fixés rendez-vous en fin de semaine pour dîner dans un petit restaurant du côté de Bastille. En partant, Fabien se dit qu'il ne lui avait pas trop laissé le choix et qu'il aurait été plus élégant de lui demander si le secteur lui convenait.

En cette fin de matinée, Fabien est ravi de la tournure que prennent les événements ! Sa sortie de l'hôpital renforce son bien-être, il en a parfaitement conscience. Il marque un temps d'arrêt, se retourne pour regarder une dernière fois le bâtiment et enfourche son vélib.

Oups ! Avec toutes ces émotions, il a omis d'ôter l'antivol… Il éclate de rire et règle prestement le problème. Fabien est radieux sur sa bicyclette d'État dont le poids ferait fuir n'importe quel cycliste chevronné ; il ne perçoit même pas l'effort à fournir pour « avaler » les petites côtes qui le ramènent à son cabinet. Son visage arbore un large sourire ; il se complaît dans cette situation qui le transporte sur un petit nuage… Mais combien de temps avant que son cumulo-nimbus ne devienne noir et orageux ?

XXIV

Voilà deux jours que Fabien a terminé son fameux W.O.D. avec les pompiers du bois de Vincennes ; à sa grande surprise, il n'a quasiment aucune courbature et ne ressent aucune fatigue particulière après cet effort intense. Il part tranquillement faire un petit footing de récupération sur son spot habituel ; suite aux dernières intempéries sur l'île de France, le terrain est meuble et le contraint à quelques sauts pour ne pas se tremper les pieds dans les flaques appelées à perdurer si l'on en croit les prévisions météorologiques ! En attendant, joggeurs et promeneurs doivent s'en accommoder. Il poursuit sa course jusqu'à la clairière où Sandrine donne habituellement ses cours de yoga. Malgré l'état du terrain, son amie est là, à une cinquantaine de mètres, avec une seule cliente en cours particulier. Sandrine le gratifie d'un large sourire…

— Hey coucou toi ! Justement, je parlais de toi à Brigitte qui cherche un sophrologue !

— Brigitte, je vous jure que cela n'est qu'une coïncidence, dit-elle en rigolant à la personne qui s'étire avec elle.

— Bonjour, Brigitte, enchanté Fabien.

— De même Fabien, de même.

Fabien marque un temps d'arrêt, surpris après avoir salué la cliente de Sandrine. Brigitte a un âge certain, dont elle refuse certainement « l'outrage » si l'on en juge par les stigmates des injections de botox et probablement de produits de comblement qui déforment son visage. La première impression qui lui vient à l'esprit : elle fait peur !

— J'ai du mal à dormir, Fabien, peux-tu m'aider, penses-tu ?

— Je peux effectivement essayer de vous aider de mon mieux.

— Arrête de me vouvoyer, ça me vieillit, mon grand.

— Oui, Brigitte, avec plaisir, tu peux demander mes coordonnées à Sandrine et me contacter quand tu le souhaiteras.

— Avec plaisir, mon chou. Elle lui offre un large sourire s'apparentant à celui du chat d'Alice au pays des merveilles !

— Mesdames, pardon, mesdemoiselles, je vais vous laisser terminer votre séance et poursuivre la mienne. À bientôt, je l'espère.

— À bientôt, Fabien, enchaîne Sandrine tandis que son amie Brigitte se contente de lui faire un signe de la main couplé à un regard de braise qui ne manque pas de mettre Fabien mal à l'aise.

Il partira sur une foulée, « une fuite », se dit-il en souriant, beaucoup plus rapide que celle qui l'a conduit à la clairière. En accélérant, il esquisse un rictus ; pour sûr, sa prochaine rencontre avec Brigitte serait certainement déconcertante vu le personnage !

Il continue son footing et croise un groupe de pompiers de Paris, des jeunes ; il n'en reconnaît aucun. Fabien poursuit sa course, perdu dans ses pensées, en observant la nature. Il en vient presque à détailler chaque goutte d'eau qui tombe devant lui, comme si elle tombait de façon improbable… au ralenti.

Cette rencontre furtive lui fait remonter le temps, partir dans la nostalgie d'une époque maintenant révolue, mais qui lui avait tellement apporté ; sans les pompiers de Paris, il ne serait pas l'homme qu'il est aujourd'hui, il n'aurait certainement pas pu s'épanouir et s'affirmer dans une autre profession. Il se remémore son entrée dans cette prestigieuse unité il y a bien longtemps maintenant, les sélections drastiques et les sacrifices pour atteindre son but, son ex-femme qui l'avait encouragé, poussé et soutenu corps et âme pour qu'il atteigne son but. Son seul regret au bout de tant d'années : ne pas avoir essayé d'accéder au Grimp, le groupe de reconnaissance en milieu périlleux, un groupe de pompiers rompus aux manœuvres de cordes qui œuvrent aussi bien sur la tour Eiffel qu'en milieu naturel. Fabien avait toujours pensé que son niveau en cordes était insuffisant pour prétendre intégrer cette unité, certainement une fausse impression. Cependant, cela lui permettait de ne pas avoir de regret d'autant plus qu'il n'avait point à rougir de sa carrière, menée comme il l'entendait sur la quasi-totalité de ses années d'engagement. Comme aimait lui dire son pote Ludo à l'époque « tu as déjà du mal à faire tes lacets alors des manœuvres de cordes… » Un conseil visionnaire, certainement. C'est sur ce moment de nostalgie qu'il termine son périple sportif de la matinée pour rejoindre tranquillement son domicile, se doucher puis se préparer sereinement à commencer sa journée de travail.

Mais avant cela, il repart dans ses souvenirs qui lui font prendre conscience de ses actes. Cette introspection ajoutée aux derniers événements lui fait ressentir pour la première fois depuis des années une sensation de raté dans sa vie ; cette sensation désagréable l'amène à reconnaître ses erreurs et particulièrement plusieurs jugements hâtifs qu'il avait eus à l'égard de la femme qui était, du moins qui avait été, celle de sa vie.

Fabien observe dans le miroir l'image de celui qu'il est aujourd'hui : cette image n'a pas de saveur. Lui qui avait toujours eu de l'estime pour sa personne, notamment pour sa pugnacité et le travail qu'il avait accompli aussi bien professionnellement que dans sa vie personnelle avait maintenant un reflet vide, neutre. Il en connaissait parfaitement la raison et se devait d'y remédier par honnêteté intellectuelle. Assumer un comportement d'antan qu'il devait clarifier dès à présent.

Fabien se détourne du miroir pour s'asseoir sur le canapé ; au passage, il saisit son smartphone posé sur la table du salon. Il s'installe les yeux fermés, mains jointes sur les cuisses et tête haute reposant sur l'appui-tête, souffle un bref instant avant de prendre une profonde inspiration et d'expirer lentement avant de rouvrir les yeux. Il compulse ses mails et remonte l'historique des messages supprimés pour s'arrêter sur le dernier envoi de la maman d'Emilie. Après une courte hésitation, il couche rapidement les mots, instinctivement, comme s'il avait toujours su quoi lui dire ; puis, au bout de plusieurs longues minutes, il s'arrête et appuie sur la touche « envoi », sans même prendre le soin de relire. Il n'en éprouve pas la nécessité.

Machinalement, Fabien lance son smartphone sur le côté du canapé avant de refermer les yeux. Son visage est apaisé, il sourit légèrement, comme soulagé d'avoir franchi cette étape dans sa vie. Maintenant, ses pensées peuvent divaguer en gardant toujours dans un coin de l'esprit l'image de Nathalie vers laquelle convergent tous ses songes…

XXV

La douleur, cette sensation qui tiraille, vive et lancinante jusqu'à prendre possession de l'esprit. Le corps est bien fait ; parfois, il intègre cette sensation de mal, certainement pour la rendre plus supportable, plus lisse… Les douleurs cérébrales sont terribles ; même si les maux peuvent être similaires chacun a sa manière d'en vivre ou d'en aborder les affres ; le plus souvent accompagnées de nausées, elles rythment le quotidien de Léa, omniprésentes, voire sous-jacentes… jamais très loin… toujours en attente… prêtes à surgir à l'improviste. Elles arrivent parfois d'un coup, comme une attaque brutale lors d'une embuscade ;tel est le quotidien de Léa. Une bataille face à l'invisible douleur tellement nuisible et destructrice… À force, elle avait intégré le message, cette douleur dans son organisme, cette sensation de la sentir, mais, paradoxalement, de s'en détacher, involontairement, presque naturellement comme si elle s'était accoutumée.

Les réponses de l'organisme dans l'adversité sont parfois bien faites, mais la nature a des insuffisances… finalement, cette vie n'est qu'une roulette… imprévisible, injuste. La mort n'a pas de clan, de niveau social ou une quelconque faiblesse voire le moindre discernement, quelque part, elle a une éthique égalitaire… nous mourrons tous. Comme en l'ancien temps, elle vient prendre sa dîme sans se soucier d'éventuelles conséquences : hommes, femmes, enfants, peu importe, il faut payer la note.

XXVI

Quelques jours se sont écoulés depuis la visite de Fabien à l'hôpital ; il n'a aucune nouvelle de Nathalie ni de la maman de Léa. Pour lui, rien n'a vraiment changé, toujours le même rêve et les mêmes angoisses ; cependant, le mail destiné à son ex-femme lui a ôté le poids qu'il traînait depuis des mois, des années. Les choses que Fabien avait comprises et acceptées à la faveur de son expérience à l'hôpital l'ont conduit à lui répondre. Cette étape est certainement le début d'un renouveau, mais le chemin reste long ; subsiste toujours un blocage qui ne lui permet pas de franchir le cap. Cependant, la lecture des messages avait permis à Fabien d'accueillir avec bienveillance tout le soutien et l'amour qui en émanaient. Au bout de tant d'années, l'empathie de son ex-femme avait fini par l'atteindre et le toucher. Il savait… il avait toujours su de manière inconsciente qu'il s'était comporté comme un sinistre connard à son égard, sans pour autant en éprouver un quelconque remords ; c'était uniquement un simple constat.

Fabien court dans le bois, parcourant son tracé préféré ; ce matin, il a décidé de le boucler le plus vite possible. Il pleut des cordes ; malgré son équipement, l'eau a depuis longtemps traversé ses vêtements ainsi que ses chaussures de courses. La pluie ruisselle sur son coupe-vent et seule la visière d'une casquette protège son visage. Le son du Black album de Métallica crache dans ses ipodes, accompagnant ses foulées sur un entraînement compliqué par les conditions climatiques.

Fabien avale les kilomètres de ce trajet familier, perdu dans des pensées sans image, sans mot, sans vie. Cette sensation est étrange… comment ne penser à rien ? Comme toujours, son co-pilote, son inconscient, le guide vers sa destination. GPS invisible, disque dur de sa vie quotidienne, il l'accompagne sans qu'il en exprime le besoin, ni même la volonté.

Les feuilles des platanes jonchent le sol avant de surfer sur les torrents d'eau. Trempé de la tête aux pieds et transi, Fabien regagne bien vite son appartement et va directement se doucher après avoir abandonné ses vêtements trempés sur le seuil de la porte d'entrée.

L'eau brûlante le réchauffe peu à peu ; Fabien se concentre sur l'eau et lui confie une intention. Elle lave et entraîne toutes ses pensées négatives hors de son corps pour toute cette journée. Il profite pleinement de cet instant de confort.

Une serviette nouée autour de la taille, Fabien se rase méticuleusement avant de poster un message à Nathalie. … Il n'aime pas ne pas savoir ; peut-être a-t-elle changé d'avis ou tout bonnement oublié. Quand il déverrouille son écran, plusieurs messages apparaissent, dont certains émanant de Nathalie. Cette dernière s'excuse de son silence et lui confirme leur rendez-vous du soir… s'il est toujours partant bien sûr ! C'est en souriant qu'il confirme avant de retourner sur sa page d'accueil. Les autres messages viennent d'Annie et Pierre ; enfin, un numéro inconnu lui rappelle qu'il doit venir prendre sa bière gagnée lors du W.O.D dans le bois de Vincennes. Il lui faut quelques instants pour comprendre la teneur du message posté par son challenger du bois de Vincennes. Il avait complètement zappé le pari gagné avec les pomplars[26] de Paris. Il devrait avoir le temps de passer les visiter à la caserne avant son rendez-vous galant avec Nathalie, une promesse est une promesse !

Sa journée suit son cours, rendez-vous, prise de rendez-vous, le cabinet ne désemplit pas avec les patients qui viennent également pour Annie. Actuellement, beaucoup de personnes sollicitent Fabien pour

[26] Surnom donné aux pompiers.

de la sophrologie ; il enchaîne les protocoles pour la gestion du stress, les troubles du sommeil et autres problèmes du quotidien.

En fin d'après-midi, alors qu'il se prépare pour partir rejoindre le groupe de pompiers, un message de Julie retentit sur son smartphone. Elle sollicite sa présence à l'hôpital pour une séance avec Léa. La chimio ne semble pas efficace contre sa maladie qui se propage plus vite que prévu. Il se rassoit ou plutôt s'affale sur son fauteuil, les mains jointes entre les cuisses. Pourquoi Nathalie ne lui avait-elle rien dit ? Il en rigole… tout simplement parce qu'il n'est pas membre de la famille de Léa ni sa personne de confiance. Il n'est rien pour elle ; simplement un praticien comme les autres qui l'accompagne. Son engagement émotionnel n'est pas à la hauteur de son statut, malgré cela les lois du cœur son parfois plus fortes que celles du sang et valent de se battre.

À l'instant, il n'a plus aucune envie d'aller trinquer avec ses camarades de W.O.D, mais une parole est une parole. Fabien répond à Julie en se mettant à sa disposition lundi en fin de matinée ou un autre jour dans la semaine ; Léa passera bien entendu en priorité.

Quand il parvient à son Vélib', le temps est encore mitigé ; il l'espère encore clément pour le laisser gagner la caserne. Sur place, les gars l'accueillent chaleureusement et lui proposent une rapide visite de la caserne qu'il connaît bien pour y avoir passé quelques années en début de carrière. Les pompiers en sont surpris, mais lors de la séance de sport dans le bois, il n'avait jamais évoqué son passage dans leur grande maison. Le temps a passé, avec le turn-over[27], il ne connaît plus personne sur place ; dans la capitale, les rotations sont rapides. Après avoir longuement discuté et fixé un W.O.D. revanche quelques jours plus tard, il s'éclipse pour rejoindre Nathalie.

C'est toujours en invoquant la clémence divine souvent sollicitée par les motards et les cyclistes qu'il quitte la caserne. Chanceux, il profite d'une accalmie pour rejoindre son cabinet avant de se rendre à quelques encablures, pour la retrouver à Bastille.

Il a prévu de l'inviter dans un resto un peu plus excentré de la place pour éviter la tambouille à touristes ! Depuis le temps qu'il travaille

[27] Renouvellement du personnel.

dans ce secteur, Fabien a quelques bonnes adresses. Il apprécie particulièrement ce petit resto parisien sympa qui n'a pas une grande carte, mais où tous les produits sont maison et savoureux. Le patron lui avait amené sa fille en consultation il y a quelques années et ils avaient sympathisé. Depuis, il passait régulièrement se restaurer chez lui avec Annie et Pierre. De mémoire, il n'avait jamais amené de rendez-vous galant dans cet endroit qu'il se réservait comme une espèce de pied à terre neutre où il ne côtoyait que ses amis.

Fabien est sur son 31 ; chaussures de ville, pantalon à pince viennent compléter sa belle chemise blanche sous un gilet bleu à grosses mailles qui fait fureur chez les aficionados du vintage. Nathalie le rejoindra directement au restaurant ; son travail lui ayant pris plus de temps qu'escompté elle aura trente minutes de retard… environ !

En attendant, il pianote sur son portable ; Jo vient de lui poster un énième message pour le relancer. La nature humaine est parfois bizarre… moins vous montrer d'intérêt aux gens et plus ils sont demandeurs. En l'occurrence, c'est Jo qui l'avait plus ou moins éconduit ; pourquoi le relancer et insister ? Elle voudrait le voir pour discuter demain après-midi ou demain soir en fonction de son emploi du temps. En même temps, pourquoi pas ? Un verre n'engage à rien ! C'est à peu près dans ces termes qu'il lui répond et lui donne rendez-vous à 14 h chez Prosper du côté de Nation.

Quand Nathalie arrive, il est perdu dans un de combat de boxe sur YouTube ; la clochette au-dessus de la porte le sort de son écran. Elle est là à quelques mètres de lui. En talons et jean slim noir, son long manteau cache une chemise blanche en dentelle qu'elle dévoile en ôtant son long foulard. Les cheveux parfaitement attachés, un maquillage léger… « Magnifique, elle est magnifique », se dit-il en se levant pour l'accueillir.

— Excuse-moi pour le retard Fabien, on peut se tutoyer non ?

— Bien sûr, Nathalie, nous pouvons même nous faire la bise.

Elle sourit en s'approchant pour l'embrasser sur les joues avant de s'attabler. Elle est vraiment radieuse ; il ne peut s'empêcher d'être captivé par son regard. Fabien essaie de faire bonne figure malgré la fatigue accumulée ces derniers temps. Sa dette de sommeil commence à laisser des traces sur son visage ; tôt ou tard, il devra la rembourser sinon sa santé risque d'en pâtir et lors de son intense entraînement sportif la blessure le guette.

L'ambiance intimiste, mais branchée de ce bistrot, est propice à la convivialité ; ils commandent deux mojitos en apéritif avec une petite planche de saucisson artisanal. Nathalie lui explique son cursus pro, ses longues années d'études et son internat à Paris où elle avait atterri par hasard dans ce service qui, à l'époque, cherchait un praticien à temps plein. Le professeur, en place depuis plus d'une vingtaine d'années, avait vu en elle les qualités requises pour ce type poste, un poste difficile où le relationnel et l'humain étaient deux qualités indispensables. Elle est divorcée depuis deux ans d'un médecin avec qui elle n'a jamais eu d'enfants : « on ne m'y reprendra plus », dit-elle, parlant de sa relation avec un confrère. Sportive, elle pratique régulièrement la boxe, plus précisément le kickboxing, avait-elle souligné. La seule discipline qui la vide complètement de son stress quotidien et l'épuise physiquement quand elle fait de grosses séances. Un sport complet qu'elle pratique depuis presque dix ans, sans jamais avoir franchi le cap de la compétition qui à son sens ne lui aurait rien apporté de plus… et puis « je suis trop vieille » lui dit-elle en rigolant.

— Je vais me tenir à carreau pour éviter de me faire boxer.

— Oui, je te le conseille, ironise-t-elle, montant ses deux poings au niveau du visage pour se mettre en garde.

— Parle-moi de toi, Fabien, les pompiers de Paris ? ton arrivée dans l'hypnose, ta vie perso, tes passions ?

— Cela fait beaucoup de questions, dit-il, baissant légèrement la tête tout en souriant.

— Que t'a dit Julie ?

— R.I.E.N… hormis que tu étais, semble-t-il, célibataire.

— Pour ainsi dire l'essentiel, mais oui, effectivement, je le suis depuis plusieurs années.

— Je suis resté mariée une dizaine d'années avant de…, son visage se ferme… divorcer et depuis… je papillonne !

— Hooo, un collectionneur… je vois ! Ses sourcils se froncent légèrement en signe de désapprobation totale. Impossible de ne pas le remarquer.

— Non, il ne faut pas le voir comme cela, vous savez. Tu sais.

— Les choses sont parfois… compliquées et naturellement nous n'avons pas tendance à les améliorer.

Elle le regarde fixement sans rien dire, elle n'arrive pas à comprendre où il veut en venir et encore moins à le cerner. Elle veut savoir et utilise le peu d'infos lâchées par Julie pour cibler ses questions.

— Pourquoi tu as une aversion de l'hôpital ?

Julien se redresse directement sur son siège, son malaise est clairement perceptible.

— Tu as l'habitude d'y aller pourtant avec ton ancien boulot, tu devais faire plusieurs rotations par jour dans les hôpitaux non ?

Il sent son état se modifier vitesse grand « V » ; la boule abdominale revient accompagnée d'une bouffée de chaleur. Il rectifie plusieurs fois sa position sur le siège, traduisant sa nervosité. Nathalie le regarde, dubitative ; elle qui attendait ce rendez-vous depuis leur première rencontre à l'hôpital commence à se demander si elle n'est pas tombée sur un mec bizarre de plus. Mais il n'a rien à voir avec ce profil de personne… c'est certainement cela qui lui donne envie… creuser.

— J'ai envie de te dire… vas-y balance Fabien.

— Tu veux vraiment tout savoir toi. Son visage est dirigé vers la table, mais ses yeux bleus sont plantés dans les siens.

— J'ai quitté les pompiers pour prendre ma retraite à l'issue de mes quinze années de service, je n'avais plus rien à y faire. Il fallait que je tourne la page définitivement. Il marque un temps d'arrêt.

— Pourquoi ? sa voix est douce et bienveillante.

— Pourquoi ? Tu sais, la vie peut basculer en une fraction de seconde, ce n'est pas à toi que je vais l'apprendre… Emilie… elle s'appelait Emilie, elle n'avait que 9 ans.

Ses yeux s'embuent légèrement ; Nathalie comprend d'un coup où sa curiosité pour le coup malsaine va l'amener… elle voudrait se cacher au fond d'un trou tellement elle se sent gênée… Julie ne s'était pas permis de rentrer dans les détails à son sujet. Quand un mec comme lui déteste les hostos, c'est qu'il y a quelque chose de plus profond que l'aversion des piqûres. Comment ai-je pu être aussi « conne », se dit-elle… en regrettant amèrement ses questions intrusives, mais ceci dit, il fallait bien en parler, au moins les choses seront dites.

— Pour faire court, elle s'est étouffée avec un morceau de viande au restaurant, rit-il nerveusement.

— Un putain de morceau de viande, tu te rends compte ? La vie ne tient qu'à cela parfois. Et moi le super soldat du feu je n'ai pu absolument rien faire pour elle, mes collègues sont arrivés plutôt rapidement, même si d'ordinaire ils arrivent plus vite… Les aléas de la circulation francilienne. Mais il était trop tard, elle était dans le coma. Emilie a fini dans une chambre d'hôpital avec une batterie de machines autour d'elle pour la maintenir en vie.

Ses yeux ne peuvent plus retenir les larmes qui perlent sur ses joues. Nathalie tend ses mains qu'elle pose délicatement sur ses joues en essuyant ses larmes. Le regard plein de tristesse et de compassion, elle qui arrive tant à se détacher de tous les drames qui se passent dans son service se sent extrêmement touchée par celui de Fabien. Peut-être la culpabilité d'avoir déclenché cette situation qu'elle n'avait pas vu venir… ni même imaginée.

Il prend une profonde respiration avant de souffler en reculant pour sortir son visage d'entre les mains de Nathalie.

— Et nous avons décidé de la laisser partir, et autorisé les médecins à faire un prélèvement d'organes.

— Excuse-moi, je vais aux toilettes. Fabien se lève rapidement sans se retourner.

Plantée devant son mojito, Nathalie reste perplexe par rapport à la situation qu'elle vient d'engendrer involontairement ; ceci dit, elle ne ressent aucune culpabilité. Finalement, autant jouer cartes sur table d'entrée. Cependant, elle regrettait juste la forme.

Fabien se retrouve encore une fois face à un miroir, dans des toilettes… Malgré la situation, il s'en amuse… tout cela devient cocasse.

Quand il réapparaît, elle remarque son visage encore mouillé ; Fabien a dû se passer la tête sous l'eau pour récupérer.

— Excuse-moi, où en étais-je déjà ?

— Tu n'es pas obligé… Fabien, je suis désolée d'avoir posé toutes ses questions intrusives, mais je voulais apprendre à te connaître.

— Je n'ai jamais pu pardonner à mon ex-femme de ne pas avoir fait le maximum pour m'aider… il me fallait un coupable et elle en a injustement fait les frais, alors qu'elle avait tellement assuré. Il a fallu que je fasse une rencontre pour m'en apercevoir… Léa a tout réveillé en moi, tout ce que je cachais depuis des années m'explose à la gueule depuis que je l'ai rencontrée… Impossible de fuir, c'est marrant tu vois… sur beaucoup de choses je voulais dire non et l'inverse est sorti de ma bouche…… Quand je te parlais de ce fameux copilote qu'est l'inconscient, je ne te disais pas de conneries. Ce que tu ne souhaites pas travailler, lui par contre n'hésitera pas à le manifester sans être systématiquement en transe.

— Et je te passe les détails… la sérénité de mes nuits, sans parler de mes rêves ! Il poursuit, Dommage que tu ne sois pas psy… tu aurais adoré.

Ils rient tous les deux en se regardant ; pas plus que lui, elle n'est atteinte du syndrome du sauveur. Il ne veut pas de son aide et elle ne veut pas être sa psy. Sans en parler plus, les choses semblent maintenant extrêmement claires pour tous les deux.

— Santé… je suis vraiment très heureux d'être ici avec toi ce soir. Fabien lève son verre en la regardant… Sérieusement !

— Tchin… je suis moi aussi plus que ravie de cette soirée… Excuse mon mode connasse intrusive !

— Ne te sens pas coupable ! De mon côté, j'ai peut-être trop attendu pour en parler. Il est temps que… J'avance.

Elle a failli le dire, elle a failli lui dire, mais Nathalie s'est ravisée juste avant de trahir le secret professionnel par lequel elle est liée. La petite Léa approche de sa fin de vie plus vite que prévu. Nathalie aurait aimé le lui annoncer dès maintenant pour le préparer. Après tout ce qu'il lui avait révélé, le moment était peut-être le plus approprié pour l'évoquer, même si la suite de leur tête-à-tête risquait d'en être perturbée. Mais elle ne dira rien… ce n'est pas à elle de le faire.

La soirée avec Fabien se poursuit sur d'autres sujets heureusement plus légers, musique, sport, voyages. L'heure défile sans qu'ils s'en rendent compte. Quand l'établissement ferme, vers 23 h, ils marchent vers Bastille. Les rues sont encore animées malgré l'heure tardive et la fraîcheur humide.

Fabien et Nathalie papotent sur le trajet ; elle a passé son bras sous le sien et s'est ostensiblement collée à lui. Cette marque d'affection, ou d'attention, l'a agréablement surpris ; ce rapprochement n'est pas pour lui déplaire bien au contraire.

— Mon cabinet est un peu plus haut sur la droite, lui dit-il avant de traverser pour se diriger vers la rue de la Roquette.

Elle retient son élan avec son bras le stoppant sur le trottoir devant le passage piéton.

— Je serais curieuse de le visiter. Son regard se plonge profondément dans le sien et brille de mille feux.

À peine ont-ils passé la porte d'entrée qu'ils s'embrassent fougueusement. Fabien claque la porte et laisse la clef dessus… on ne sait jamais… Son long manteau tombe rapidement au sol alors qu'il l'entraîne dans le bureau où il arrive torse nu. Il mettra un peu plus de temps à enlever le splendide pantalon Slim qui épouse si parfaitement ses formes. Cette étape les amuse ; Fabien a l'impression de la peler tellement le pantalon est serré… et en plus, pour pimenter le tout, elle ne lui facilite guère la tâche. Alors qu'il est assis sur la chaise de bureau, elle se retrouve sur lui, complètement dévêtue ; Fabien enlève délicatement l'élastique qui maintient sa queue de cheval libérant sa longue chevelure sur ses épaules. Nathalie sent bien la différence avec d'autres relations débutantes qu'elle a pu connaître. Il se passe quelque chose de psychique et physique qui la perturbe complètement ; elle n'a aucun doute sur la réciprocité avec son partenaire. Rassurée, elle s'abandonne totalement à Fabien. La nuit leur appartient.

XXVII

La violence du brasier est inhabituelle, les flammes se meuvent comme dans les grands incendies de forêt, poussées et attisées par le vent. Curieusement, il le constate sans changer d'attitude par rapport à ses précédents rêves. La chaleur devient également de plus en plus intenable. Fabien sait qu'il a franchi un cap dans cette situation, mais lequel ? La tenue toujours collée à la peau, il avance vers la porte qui claque en se gondolant.

Il n'est plus du tout subjugué par les flammes qu'ils trouvent même inintéressantes ; elles balaient toutes les aspérités du plafond et des murs comme si elles étaient crachées par un chalumeau, un lance-flammes. Par contre, il n'a plus cette impression de faire du sur place ; au contraire même, Fabien avance, à petits pas, mais il avance. Dans ses mains, la lance à incendie semble fondre sous l'effet de la chaleur. Les flammes l'entourent, l'encerclent comme s'il était coincé de toutes parts sur un bûcher.

Même entre les murs, il sent que son espace s'est restreint. La pluie fine et les gouttes de flammes ont laissé place à des projections rapides et multiples qui impactent sa tenue en s'écrasant tels des missiles. Il actionne le levier de la lance ; l'eau libérée s'échappe de toute la largeur du tuyau sur plus d'un mètre. La puissance des flammes projetées sature et coupe immédiatement le jet d'eau. Fabien actionne continuellement, mais en vain, le levier. Les flammes s'abattent comme des météorites sur sa tenue et son équipement. Un bip, des bips, une sonnerie d'alarme et un voyant s'allument immédiatement sur ses appareils lui signalant un dysfonctionnement de son arrivée d'air. Comme à chaque fois les flammes passent sous son gant, mais également sur son cou provoquant une intense douleur.

La chaleur et les sensations de brûlure sont insoutenables… il est en train de rôtir.

— Fabien, Fabien, réveille-toi !

— Fabien, calme-toi… C'est moi Nathalie… réveille-toi !

— FABIEN !

À l'appel de son prénom, Fabien sort immédiatement de son cauchemar ; la lumière de la chambre est allumée… Nathalie le tient dans ses bras. Il lui faut quelques secondes pour remettre les choses en ordre : il est chez lui… dans son lit… avec Nathalie.

— Je crame, je crame, je suis où ? Qu'est-ce qui se passe ?

— Chuutttt… calme-toi… calme-toi, tu as fait un mauvais rêve certainement.

Elle maintient sa tête trempée contre sa poitrine tout en lui passant doucement la main dans les cheveux. Ce n'est pas le moment de parler de ses rêves, de toute façon il n'en a pas envie ; il profite de l'instant, savoure la réalité et se remet de ses émotions. Jamais il n'avait fait un rêve de la sorte, aussi violent et effrayant.

Vu la teneur de ce songe, cauchemar devenait le terme approprié ; fini le temps du rêve compliqué qu'il avait du mal à décrypter et interpréter… un autre cap venait d'être franchi.

Après leur soirée, ils avaient passé la nuit ensemble sans se décoller l'un de l'autre. Fabien récupère doucement, son réveil indique 4 h 46 du matin. Demain, il va dormir, ils vont dormir, pour essayer de s'offrir une grasse matinée réparatrice ; il en a vraiment besoin.

Fabien s'éveille à 10 h 34 ; il est rare qu'il se lève aussi tard. Nathalie est toujours là, à ses côtés ; également éveillée, allongée sur le côté, elle le regarde de ses grands yeux en amande et lui sourit, l'incitant à faire de même. Il s'approche et l'enlace tendrement.

— Merci pour cette nuit.

— C'est normal.

— Je ne fais jamais de cauchemar de la sorte d'habitude.

— Tu bougeais dans tous les sens quand je t'ai réveillé.

— Oui, il y avait de l'agitation, mais d'habitude elle n'est pas aussi extrême, pas aussi violente ni même physiquement douloureuse… une expérience fort désagréable. Je ne pensais pas que nous pouvions avoir mal physiquement en rêvant.

— Je dois dire que moi non plus, j'ai même d'ailleurs du mal à me souvenir de mes rêves la plupart du temps. De mémoire, les rares cauchemars que j'ai faits étaient, en effet, plus flippants que douloureux.

Elle l'embrasse délicatement sur la joue, avant de se lever en direction de la salle de bain. Nathalie a tout pour lui plaire, intelligente, sympa, et un corps de rêve qu'il ne manque pas d'admirer lors de son déplacement.

— Je prends une douche.

— Bien sûr, je t'apporte une serviette.

Fabien se lève et lui emboîtant le pas pour sortir le nécessaire de toilette qu'il dépose sur le lavabo. Elle est de dos sous la douche ; c'est sans aucune hésitation qu'il la rejoint. Nathalie l'accueille en souriant avant de se coller directement à lui. Fabien est surpris par la température de l'eau, bouillante, qui le renvoie aux sensations désagréables de son rêve. Lui qui aime les douches plutôt fraîches va devoir composer avec cette eau de… feu.

Les deux amants prennent le temps de profiter de cette belle escapade qui les sort de leurs quotidiens respectifs. Les occasions de souffler sont rares dans ce type de profession… Les occasions de se vider l'esprit sont primordiales.

Ils brunchent[28] tranquillement en tête à tête ; finalement, Nathalie et Fabien se connaissent peu, certes ils se plaisent mutuellement, mais ont tout à construire. Elle lui pose une multitude de questions auxquelles il répond volontiers. La discussion bat son plein quand Nathalie se lève pour regarder les photos qu'il a disposées sur un pêle-mêle à côté de sa cuisine. Elle s'attarde longuement sur les images qui représentent une partie de sa vie. Une photo où il est gamin avec ses

---

[28] Brunch : contraction de breakfast et de lunch.

copains, d'autres avec ses amis du sport, plusieurs de ses années chez les pompiers et bien d'autres encore.

— Pourquoi tu n'as… Nathalie se tait immédiatement, regrettant instantanément son début de phrase qui n'échappera pas à Fabien.

— Pas de photo d'elle ?

— Oui.

— Je suis désolée d'être intrusive, Fabien.

Il débarrasse la table sans sourciller, passant devant elle sans la regarder. Nathalie ne sait pas comment se comporter après cette bévue ; elle est terriblement gênée.

— Je pense à Emilie tous les jours, j'ai chaque moment en mémoire, chaque image gravée dans la tête, qu'ils soient bons… ou mauvais.

— Je comprends, enfin non, je ne peux pas, mais tu vois ce que je veux dire ?

— Oui, parfaitement, j'entends.

— Et toi pourquoi tu n'as jamais eu d'enfants ?

Elle ne s'attendait pas à ce revirement de situation qui, à son tour, la prend au dépourvu.

— Heu, en fait.

— Tu n'es pas obligé de répondre… ne t'inquiète pas, lui dit-il en souriant.

— Bien sûr que je vais répondre. J'ai consacré beaucoup d'années à mes études puis à mon travail pour finir divorcée d'un connard égocentrique qui ne m'a rien apporté hormis du malheur et des années perdues.

— Pour le coup, je ne regrette absolument pas de ne pas avoir eu d'enfants avec ce sinistre con.

— Vous êtes toujours amis, je présume ?

— Ha ha ha… Très drôle.

— Bien sûr que non, mais la vie est bien faite… il est marié depuis des années avec une nana qui lui fait la misère, un vrai toutou paraît-il !

Ils s'amusent de cette situation en terminant leurs cafés ; ils s'apprêtent à la resservir quand on frappe à la porte. Fabien marque un temps d'arrêt… étonné… et regarde Nathalie en haussant les sourcils.

Sans prendre le temps de regarder par le judas, il entre ouvre la porte et découvre Johanna en tenue de sport. La surprise est totale ; bien que cela n'ait rien de choquant, personne n'avait jamais pris l'initiative de venir spontanément devant sa porte sans le prévenir. Elle avait dû profiter de l'ouverture du sas d'entrée par un habitant de l'immeuble pour accéder à son palier.

— Salut.

— Bonjour, Johanna, qu'est-ce que je peux faire… pour toi ?

— Je passais dans le coin pour aller courir et je me demandais si tu voulais m'accompagner… Je voulais te poster un message avant de passer, mais comme tu ne me réponds pas ou tardivement j'ai tenté ma chance.

Fabien se gratte la tête en grimaçant ;il jette un coup d'œil furtif en arrière avant de se retourner face à Johana tout en la regardant droit dans les yeux.

— Je te remercie, mais pour tout te dire, je ne suis pas seul.

Elle semble interloquée par sa réponse et lui répond dans la foulée :

— Pardon !

— Pardon quoi ? Je ne comprends pas, dit-il en tournant légèrement la tête sur le côté avec un air interrogateur.

— Non, rien, je suis désolé de t'avoir importuné, bonne journée.

— Au revoir.

Il referme la porte à la fois surpris et gêné sous le regard amusé de Nathalie.

— Alors on ne veut pas aller courir avec la dame ?

— Très drôle.

— Oui en effet j'en conviens.

— Mon ex-copine pour tout te dire.

— J'espère bien Fabien, j'espère bien.

Cette fois, Johanna ne va pas revenir de sitôt ! Cependant, il n'a aucun sentiment de culpabilité : elle avait manifesté des attentes auxquelles, semble-t-il, il n'était pas en mesure de répondre… Il n'était pas nécessaire d'en débattre plusieurs fois… sauf si Fabien n'avait pas compris un éventuel message subliminal dans ce fameux échange lors de leur dernière entrevue. C'est effectivement une éventualité qu'il ne regrette pas ; sa rencontre avec Nathalie est pour lui une avancée personnelle, elle le comprend. Sa réaction de cette nuit à son égard en dit beaucoup ; Fabien n'a pas envie de se planter dans cette idylle naissante. Quoi qu'il en soit maintenant, advienne que pourra.

La journée se termine tranquillement ; Nathalie passe faire une visite à l'hôpital pour voir ses patients avant de le rejoindre en début de soirée sur une péniche branchée. Les deux amoureux profitent d'une météo clémente pour flâner sur les quais de Seine avant de repartir chacun de son côté.

— Tu es sûre de vouloir rentrer chez toi ? Il fait noir, c'est dangereux en voiture.

— Va expliquer cela à mon chat !

— N'est-il pas compréhensif ?

— Il l'est, mais tu peux venir avec moi pour lui dire par contre.

La proposition est alléchante ; la plupart du temps, il n'allait pas chez ses copines, elles finissaient par se lasser de faire toujours l'effort de venir chez lui.

— Il faudrait que je fasse un crochet par mon cabinet pour prendre des fringues dans mon sac de sport.

— Oui, quelle bonne idée ! Comme ça, je pourrai réessayer ta chaise de bureau que j'adore.

Ils rient tous les deux de bon cœur à l'évocation de leur étreinte de la nuit dernière.

— Nous pouvons y aller avec ma voiture, je te déposerai demain dans la journée ou jamais.

Elle le regarde en souriant, puis s'approche pour se blottir dans ses bras. Dommage qu'il y est trop de monde sur les quais, les deux amants auraient souhaité plus… d'intimité.

XXVIII

Tôt dans la matinée de lundi, Fabien arrive à son cabinet sous une pluie battante ; l'accalmie avait été de courte durée, mais au bon moment… Autant profiter du beau temps le week-end, les jours de semaine n'offrant guère de possibilité, cloîtré dans un local professionnel. Ce matin, une séance de sophrologie dans une boîte de traders qu'il forme régulièrement à la relaxation et la gestion du stress.

Les employés sont demandeurs et n'hésitent pas à venir ensuite au cabinet pour un accompagnement personnalisé. Une manne financière non négligeable pour Fabien ; les séances en entreprise lui permettent de quitter son quotidien, de rencontrer beaucoup de monde et ainsi continuer à se faire connaître dans le secteur. Le patron, Seb, avec qui il a sympathisé l'accueille toujours avec plaisir. Alors qu'il évolue dans un milieu professionnel où les rapports sont parfois compliqués, avec Fabien, les choses sont simples. Franc, honnête et réglo, il n'en demande pas plus ; les deux hommes échangent beaucoup sur le sport. Fabien lui propose régulièrement des programmes simples et rapides pour qu'il puisse s'entraîner quand il en a le temps.

Aujourd'hui, le groupe qu'il prend en charge est composé de quatre personnes, tous des habitués qu'il connaît donc bien maintenant. Au début, il n'y avait que des femmes, puis la tendance s'est rapidement équilibrée, pour s'inverser parfois.

La séance se termine par un petit moment convivial autour d'un café ; il en profite pour consulter son smartphone qui clignote de toutes les couleurs sous l'afflux des messages. Johanna, Alexandre, Nathalie, Annie et Julie lui ont laissé quantité de SMS.

Il blêmit en consultant celui de Nathalie : « Je suis avec la maman de Léa, tu devrais venir à l'hôpital quand tu es disponible. ». Il fait défiler les autres SMS pour s'arrêter sur celui de Julie : « L'état de santé de Léa se dégrade de plus en plus, elle souhaiterait que vous puissiez lui accorder du temps en fonction de vos disponibilités. ».

La... nouvelle l'impacte terriblement, c'est à croire que le destin s'acharne sur lui. Aujourd'hui, son programme est chargé ; il a des rendez-vous de midi à 18 h. Les trajets pour se rendre à l'hôpital et la séance vont lui prendre au moins 3 heures. Mais il est inconcevable de ne pas se rendre immédiatement auprès de Léa ; tout peut bien attendre..., le reste n'a finalement aucune importance. C'est en composant le numéro d'Annie qu'il prend congé de son groupe en se dirigeant rapidement vers la sortie.

— Coucou Annie.

— Hello toi.

— Peux-tu m'annuler et me déplacer mes rendez-vous de midi, treize heures et quatorze heures s'il te plaît, je dois me rendre à l'hôpital maintenant.

— Ne t'inquiète pas, je m'en occupe, roule doucement surtout.

— Oui, maman, merci.

Au moment où il enfourche son vélib, la pluie commence à tomber. Une ondée tellement forte qu'il ne pourra pas faire plus de dix mètres sans être complètement trempé. Quel temps de m... plan B, le métro qui par chance se situe à deux cents mètres. Il court en longeant les façades des bâtiments pour essayer de se préserver de l'averse. Fabien consulte rapidement le net pour calculer son itinéraire le plus rapide et noter les éventuels changements. Une demi-heure devrait lui être nécessaire pour arriver sur place ; durant le trajet, il consulte ses autres messages pour ne pas demeurer obnubilé par l'hôpital. Johanna lui a envoyé une dizaine de SMS dont certains étaient trois fois plus longs que la totalité de son écran. Effectivement, il avait mal interprété leur échange sur la terrasse du Procope ; après lui avoir déballé et vidé son sac, elle termine son message en lui souhaitant bonne route tout en regrettant sa maladresse lors de cette fameuse entrevue. C'est une chic fille ; il prendra le temps de la rappeler au calme pour discuter, voire l'inviter à prendre un verre. Arrivé à la station qui dessert l'hôpital, il quitte le métro d'un pas rapide et décidé pour gagner l'hôpital à une centaine de mètres. En arrivant devant le bâtiment, il lève la tête pour voir si la petite attend sa venue en le guettant de la fenêtre ;la chambre est allumée, mais les rideaux sont tirés. Fabien accélère encore le pas pour entrer dans le corridor qui mène aux ascenseurs ; taraudé par la santé de Léa, Fabien ne prête même plus attention aux barres de néons qui jalonnent son parcours, pourtant tellement anxiogènes habituellement. À quelques mètres de l'ascenseur, il saisit son portable et compose le numéro de son amie tout en appuyant sur le bouton d'appel :

— Nath, je suis dans l'ascenseur.

— D'accord, je t'attends devant.

Lorsque les portes s'ouvrent, Nathalie se tient devant lui ; Fabien comprend immédiatement que les nouvelles risquent d'être mauvaises. Instantanément, sa boule de stress s'installe de nouveau dans son ventre, sa vieille amie, qui ne s'était pourtant pas manifestée depuis un certain temps.

— Coucou.

— Tu as fait vite.

— J'ai fait de mon mieux avec les moyens du bord.

Elle prend le chemin de la chambre de Léa, Fabien lui emboîte le pas directement sans poser de questions ; malgré leur rapprochement, Nathalie n'en demeure pas moins le médecin de Léa et doit préserver le secret médical. Julie se trouve dans la chambre avec Robin, son mari. Sur le moment, il n'a pas de mot pour décrire l'état de ses yeux. « Elle a pris dix ans en un mois », se dit-il. Robin, son mari, semble sur une autre planète, perdu dans un autre monde. Léa est allongée sur son grand lit ; le regard dans le vague, tournée vers la fenêtre, elle semble tellement affaiblie et fatiguée. Elle oriente la tête dans sa direction et lui offre un large sourire.

— Ce sont les médicaments qui me fatiguent.

— Tu as l'air plutôt en forme, je trouve.

— Nous allons vous laisser, dit Julie, tu viens, Robin ! Robin, je te parle.

Julie s'approche de lui et le prend délicatement par le bras pour l'aider, le guider. Il se lève comme un zombie. Difficile de ne pas éprouver d'empathie pour lui en cet instant. Son image et le comportement de sa femme le renvoient lui-même plusieurs années en arrière… Tant d'années pour comprendre, pour assumer qu'elle avait tenu la route et porté leur couple dans ce moment difficile. Le seul fautif, si fautif il doit y avoir, c'est bien lui.

— À tout à l'heure Léa je reviens après mes visites.

— Salut Nath.

Il s'approche doucement d'elle et positionne un siège à côté de son lit pour être tout près d'elle. Puis il lui prend la main délicatement en lui faisant un grand sourire. Léa la serre dans la sienne. Fabien en a terminé de cette barrière qu'il mettait entre lui, le praticien, et sa cliente. Il est temps de tomber les masques… il est temps qu'il tombe son masque…

— C'est bientôt la fin pour moi, tu sais… lui dit-elle avec sa toute petite voix.

— Je vais aller rejoindre ta fille, je m'occuperai bien d'elle.

Fabien fixe ses yeux, gardant toujours son aplomb malgré la situation.

— J'espère que vous vous entendrez bien, tu vas voir, elle est merveilleuse, comme toi. Sa voix est calme et posée.

— Tu t'occuperas de mon papa s'il te plaît ? elle baisse les yeux… Il va tellement avoir besoin de toi !

— Je te promets de faire de mon mieux quand il sera prêt.

— Comment ça, prêt ?

Fabien se ressaisit pour reprendre en main ses émotions du mieux qu'il le peut et s'occuper de Léa.

— C'est une démarche personnelle, c'est-à-dire que ton papa doit décider seul s'il veut venir me voir. Elle le regarde fixement… « Toi tu es venue me voir parce que tu en avais manifesté l'envie. Pour

Robin, ton papa c'est pareil. Mais ne t'inquiète pas quand il sera prêt, je serai là. » Léa sourit enfin ; elle semble rassurée par cette réponse.

— C'est comment pour toi aujourd'hui ?

— Je suis tellement fatiguée, j'ai l'impression que toutes mes forces m'abandonnent. Que je suis… vide… Je n'arrive plus à me sentir en forme, mais par contre je me sens… bien dans ma tête c'est bizarre, je ne sais pas comment l'expliquer en fait, c'est quoi à ton avis ?

Fabien hésite à répondre. De toute façon, rien n'avait été protocolaire avec Léa. Il s'aperçoit qu'il n'a jamais été autant à l'écoute d'une patiente, lui qui pourtant s'estimait vraiment centré sur l'autre commence à vraiment découvrir ce que signifie réellement s'occuper de quelqu'un.

— Peut-être que tu es…je cherche mes mots.

— En paix avec moi-même, c'est ce que tu voulais me dire ?

Fabien la regarde et esquisse un petit rictus en coin de lèvre ;

— Oui, c'est effectivement cela, mais c'est quoi pour toi, être en paix avec toi-même ?

— Bah… de base, j'ai conscience de ma situation, comme je sais que de toute façon je vais bientôt partir c'est finalement plus simple pour moi en fait. C'est marrant, mais tu vois, je me trouve bien depuis que nous avons fait toutes ses séances. Physiquement, c'est difficile bien sûr, mais j'arrive à faire des choses avec ce que tu m'as appris et quand je pense à autre chose ça va mieux. C'est grâce à toi mon chat.

Fabien rigole en la regardant… « mon chat » Léa l'appelait souvent comme cela. Allongée sur son lit et tellement fatiguée, elle ressemble à un petit animal fragile, un petit chat se dit Fabien. La perte de poids consécutive à sa rechute la rend tellement frêle… il n'a pas de mot pour décrire son apparence physique. Sa tête paraît maintenant disproportionnée par rapport à son corps. Perdu dans son analyse visuelle, un bâillement le fait sortir de sa réflexion pour se recentrer sur la petite.

— Aujourd'hui, j'ai quelque chose à te proposer qui devrait te plaire ! Ça te dirait d'être dans la peau d'un tigre et de te sentir forte comme lui.

— Grave.

— Tu sais, je voulais te remercier pour tout ce que tu fais pour moi Fabien.

Il est surpris de cette réponse, mais ne laisse rien paraître. Il lui reprend les mains en souriant. L'émotion monte instantanément sans qu'il essaie de la contenir. Cette attitude de réserve est derrière lui maintenant. Fabien marque un temps de pause avant de parler, son regard est plongé dans celui de Léa. Il est incapable de dire si la vie est bien faite ou non ? Le hasard, les rencontres, etc. À se demander si, parfois, nous ne recevons pas le coup de pouce d'un ange gardien pour nous permettre d'avancer. Mais avec un prix à payer !

— En fait, c'est moi qui dois te remercier.

Elle le regarde en souriant.

— Pourquoi souris-tu ?

— Parce que je sais ce que tu vas me dire, du moins je le devine.

— Ah bon ! et qu'est-ce que j'allais te dire ?

— C'est à toi d'en parler Fabien.

Il ne peut s'empêcher de rire… l'arroseur arrosé… elle avait subtilement inversé les rôles.

— Grâce à toi, j'ai beaucoup appris sur moi Léa ; j'ai arrêté de me voiler la face, de me cacher pour ne pas affronter le fait que je ne vais pas bien depuis des années. Affronter mes torts vis-à-vis de ceux qui ont toujours été là pour moi malgré mon comportement tellement injuste et aveugle. Je pense particulièrement à la maman d'Emilie.

Tu m'as fait affronter tous mes démons, faire face avec toutes ces idées noires, ces rêves qui ne me quittent pas depuis… des mois… des années maintenant. Inconsciemment, tu vois, je me suis fermé à tellement de gens, tellement de choses depuis le départ d'Emilie.

Fabien marque un temps d'arrêt en soufflant, ses yeux se lèvent vers le ciel. Il ne s'aperçoit même plus que les larmes coulent le long de son visage.

— Tu as Nathalie maintenant.

— Oui, tu as raison, mais nous nous connaissons à peine, dit-il en lâchant un petit rire amusé.

— Et tu m'as moi aussi.

— Je sais, et j'en suis heureux, Léa… tellement heureux !

Léa s'installe plus confortablement en ajustant son oreiller, puis elle saisit la télécommande qui lui permet de remonter son lit de quelques degrés pour se retrouver dans une position presque assise.

— Que fais-tu ?

— Tu m'as vendu du rêve avec la force du tigre, je ne vais pas te laisser t'en tirer facilement… tu t'en doutes.

Il sourit en s'approchant encore plus de son lit, hésite un bref instant puis s'assied directement en face d'elle sur le matelas.

— Tu te souviens de ton dernier voyage lorsque tu avais volé et incarné cette fameuse licorne.

Elle opine de la tête.

— Tu vois… au fur et à mesure que tu repenses à ces moments, peut-être commences-tu à ressentir les effets de cet état de transe qui s'était installé en toi. Tu es assise sur le lit et tu te sens de plus en plus relâchée. Tes paupières clignent de plus en plus quand cet état modifié, cet état de transe s'installe en toi. Et tes paupières se ferment… c'est amusant comme les idées sont plus simples, plus rapides, lorsque le corps est relâché… plusieurs images passent peut-être derrière tes paupières… tu en prends une n'importe laquelle, une belle image positive, et tu la laisses t'emmener encore plus profondément dans cet état de transe qui c'est déjà bien installé en toi.

Fabien continue son induction en se laissant guider par son instinct ; il décide de lui faire un discours préhypnotique plus long que d'habitude, avec plus de ratifications, puis de passer sur un exercice de spirale sensorielle pour mettre tous ses sens en éveil afin de vivre au mieux le corps de la séance. Cet exercice de Richard Brandler, un des pères de la PNL[29], lui permettra de vivre une expérience particulièrement intéressante.

Léa atteint rapidement l'état désiré… Fabien l'amène le plus loin possible pour lui faire vivre cette expérience de la façon la plus

[29] P.N.L. : Programmation neuro-linguistique.

bénéfique. La séance se poursuit une bonne demi-heure où il lui fera intégrer et s'imprégner de toute la puissance de ce tigre.

La maman de Léa a assisté à la fin de la séance, elle le regarde d'un air interrogateur.

— Ne vous inquiétez pas… de l'extérieur, l'expérience peut paraître farfelue ; cependant, elle apporte beaucoup pour gagner de la force face à certains besoins.

— Ah, mais je ne remettais pas vos compétences en doute loin de là, dit-elle en souriant.

Son sourire est forcé, elle va directement s'asseoir à côté de Léa qui semble soudain visiblement très fatiguée.

— Je te laisse te reposer Léa.

— Merci mon chat, reviens vite me voir.

— Je reviens dès que tu le souhaites.

Quand Fabien quitte la chambre, Nathalie l'attend assise dans le couloir. Elle lève la tête en le voyant et se lève pour lui prendre la main.

— Viens avec moi, il faut que nous parlions.

— Ok, je te suis.

— J'ai trouvé Léa fatiguée à la fin de la séance… elle avait l'air plutôt bien quand je suis arrivé ce qui m'a d'ailleurs étonné vu le contenu de tes messages.

Nathalie s'arrête au milieu du couloir pour lui faire face ; elle ne cherche pas ses mots… son discours est tellement rodé… pourtant sa voix est pleine de tristesse et de compassion :

— C'est la fin, Fabien, Léa ne finira pas la semaine. Elle est sous morphine depuis une heure, elle voulait pouvoir faire une bonne séance avec toi. C'est elle qui me l'a demandé.

Même s'il connaît la situation l'annonce lui fait un choc… il sent ses jambes chanceler légèrement… de façon imperceptible. Cependant, Nathalie, expérimentée, s'en aperçoit immédiatement et le saisit fermement par le bras.

— Je suis là, tu sais.

— Merci.

Elle l'entraîne vers la cafétéria et commande deux grands cafés avec des muffins ; Fabien apprécie sa prévenance.

Ils mangent en silence ; Nathalie sait que la période est difficile pour lui et que le pire est certainement à venir. De son côté, Fabien sait avoir passé beaucoup de caps depuis le début de son accompagnement. Il espère simplement avoir pu apporter à Léa autant qu'elle l'a fait pour lui.

— Tu n'imagines pas à quel point tes séances ont été bénéfiques pour elle… je l'ai moi-même constaté à chaque fois ; si tu n'avais pas été si bon, je n'aurais jamais demandé à être présentée et tu aurais raté quelque chose ! dit-elle en souriant ;

— Effectivement, je ne peux te contredire… Merci de m'avoir dit cela.

— C'est la vérité et tu la sais maintenant.

— Tu vois, je me demande quelle position adopter maintenant avec Léa, je ne suis rien finalement. Son praticien un point c'est tout.

— Oui, tu es son praticien, comme moi je suis son médecin, mais qu'est-ce qui nous empêche d'être et de nous comporter en humains ?

— Rien, effectivement, rien.

— Il faudra lui dire au revoir.

Fabien repense à son échange de début de séance avec Léa, quand elle lui avait dit qu'elle allait partir rejoindre Emilie.

— Je pense que nous venons de le faire en début de séance, dit-il en souriant… Oui, je pense qu'elle vient de me dire au revoir à sa façon.

Des larmes coulent sur sa joue, Nathalie lui prend les mains en les serrant fermement.

— Mon travail est terminé maintenant, nous avons fait notre dernière séance. Grâce à elle, j'ai fait ma dernière séance également, me semble-t-il.

— Que veux-tu dire ?

— J'ai passé le cap que je n'arrivais pas à franchir depuis longtemps.

XXIX

Tout a changé dans le couloir… tout au moins la vitesse ou le temps ; objectivement, il n'en a aucune certitude. Fabien a l'impression d'être au ralenti par rapport à l'action à moins que ce soit elle qui se déroule au ralenti.

Tout n'est que confusion dans cette scène. La violence des flammes est toujours présente… elles balaient l'espace dans tous les sens. Comme à chaque fois la chaleur est difficilement supportable, couplée à cette impression d'être sur ce fameux bûcher, entouré par les flammes. Sa tenue collée à la peau rend sa progression périlleuse ; ce chemin de croix le pousse vers cette porte qui claque continuellement en se déformant, toujours au ralenti, en… slow motion. La scène est… lunaire !

Les flammes sont magnifiques comme au début de ses premiers rêves, elles glissent, volent sur les surfaces. Il ne peut s'empêcher d'observer la grâce avec laquelle elles dansent autour de lui et d'apprécier la beauté de ce tapis de feu qui ne cesse de se mouvoir pendant sa progression.

Fabien évolue toujours péniblement vers la porte, mais il se sent plus à l'aise dans ses mouvements, l'ancrage de ses pieds au sol est plus ferme à chaque pas ; il est animé par une rage d'en finir avec ce combat. La lance toujours maintenue à deux mains, il progresse vers son objectif. Il ressent même du plaisir dans cette conquête de terrain. Les gouttes de feu commencent à perler du plafond, fines au début puis de plus en plus grosses, de plus en plus lourdes, s'abattant toujours sur lui comme des météorites en fusion.

L'espace entre les murs du couloir devient de plus en plus restreint. Il actionne fermement le levier de la lance à incendie, l'eau libérée s'échappe timidement de toute la largeur du tuyau sur une distance d'un peu plus d'un mètre, puis progressivement deux, tout en montant en puissance jusqu'à toucher la porte. Le volume des gouttes de feu ne sature plus le jet qui sort de la lance. La sonnerie d'alarme retentit dans son casque ; ce fameux bip couplé avec les témoins lumineux sur ses appareils lui signale un dysfonctionnement de son arrivée d'air, mais cela n'a aucune importance. Comme chaque fois, les flammes s'insinuent sous son gant et investissent le col qui protège son cou, provoquant immédiatement d'intenses douleurs. Mais il ne lâche rien, un pas puis un autre, Fabien avance, bravant ce mélange d'eau et de feu qui tourbillonne autour de lui. La puissance de sa lance à incendie ne fait que croître. La porte totalement déformée initialement reprend progressivement sa forme originelle et ne gondole plus du tout. Un mètre, plus qu'un mètre avant de l'atteindre. L'eau de la lance rebondit dessus au fur et à mesure qu'il se rapproche ; machinalement, en professionnel, Fabien, abaisse légèrement le levier pour diminuer le débit d'eau. L'averse de feu continue à tomber du plafond, sa brûlure au poignet est toujours aussi saisissante, mais qu'importe, son objectif est là devant lui, à portée de main ! Plus que quelques centimètres avant de pouvoir l'atteindre… enfin !

Fabien est devant la porte ; il a coupé l'arrivée d'eau de la lance qui ne déverse qu'un léger filet coulant au sol avant de se vaporiser. Maintenant, il peut se redresser complètement. Le feu ruisselle sur l'ensemble de sa tenue avant de choir sur le parquet. Sa main gauche tient la lance par le levier ; elle oscille légèrement au niveau de sa cuisse ; il avance la main droite vers la poignée, ou plutôt la clenche. Lorsqu'il s'en saisit fermement, tout semble se figer autour de lui. Les flammes continuent à évoluer sur le plafond et les murs, mais l'intensité diminue, de même que la pluie de feu dont les gouttes diminuent à vue d'œil. Fabien se tient debout, stoïque devant cette porte, sa main droite n'a pas bougé d'un centimètre. Le visage levé, il contemple le mur de feu qui se meure peu à peu. Puis plus rien ne bouge. Le bip d'alerte de son respirateur s'est arrêté, les témoins lumineux également. Le silence est total maintenant. Fabien n'entend que sa respiration régulière, robotisée par le filtre du masque.

Il prend encore une seconde avant d'ouvrir cette porte… Cette fameuse porte qui lui a donné tant de tourments. Lorsque son poignet bascule pour l'ouvrir, il sent comme une aspiration qui la tire vers l'intérieur. Il se contente de libérer la clenche, laissant la porte s'ouvrir doucement. Fabien, le regard rivé vers l'intérieur, marque un temps d'arrêt avant de sourire et d'en franchir le seuil.

Quand il ouvre les yeux, Fabien est en pleine forme, serein, comme libéré d'un poids, de ce poids qui ne le quittait plus depuis si longtemps. Il essuie une larme sur sa joue et tourne la tête vers Nathalie. Allongée immobile à son côté, elle le regarde…

— J'ai enfin pu atteindre mon objectif dans mon cauchemar ou plutôt mon rêve, je ne sais plus comme l'appeler. C'était… il inspire profondément avant de souffler sa réponse… « magique ».

Nathalie lui sourit, caresse sa joue et le regardant dans les yeux lui dit d'une toute petite voix :

— Mon amour, elle est partie cette nuit dans son sommeil, en douceur.

XXX

Robin est assis dans le couloir, le regard vide ; aucune larme ne perle sur son visage. Le masque de la douleur qui vient de s'installer n'autorise aucune échappatoire à ses émotions… pleurer, crier, hurler… muré dans un silence de plomb, il n'entend même pas sa femme qui fait tout pour l'aider. Une sensation d'oppression s'empare de lui progressivement, un étau qui le prend à la gorge en se resserrant rapidement. Sa tête se relève d'un coup, son buste part en avant dans un soubresaut qui accompagne un vomissement. Les genoux au sol, penché en avant, il évacue toute la souffrance accumulée depuis des mois, toute la haine, la tristesse qui s'étaient logées en lui. Julie se tient au-dessus de lui, la main sur son front, comme avec Léa…

Elle sait qu'un autre combat va commencer, un combat compliqué dont elle ne connaît pas l'issue.

XXXI

Aujourd'hui, 3 septembre… la rentrée scolaire est l'événement marquant de la journée.

Emilie rentrerait en terminale.

Léa en sixième…

Maya, la fille de Fabien et Nathalie rentre en CP[30] sous le regard à la fois fier et inquiet de ses parents. Elle trottine fièrement, les devançant, pour rentrer dans sa classe ; aujourd'hui, c'est un terrible brouhaha entre l'euphorie des enfants survoltés et les sanglots des autres. Fabien serre sa femme dans ses bras tout en caressant son ventre arrondi annonçant un heureux événement. Ils se sont décidés à l'appeler Martin. Dès que leur fille est en classe, ils s'éclipsent pour faciliter son intégration.

Nathalie rentre tranquillement à leur maison pour se reposer en attendant la sortie de sa fille en fin de matinée. De son côté, Fabien enfourche son vélo pour rejoindre son cabinet. Ce matin, il a deux clients, dont un qui vient pour la première fois. Le temps est magnifique ; une chaleur de fin d'été règne sur la capitale ensoleillée. Les Parisiens, pour la plupart, sont rentrés de congés pour la rentrée des classes. C'est parfaitement détendu et heureux qu'il arrive au café pour rejoindre son amie, Annie, qui a également déposé sa fille à l'école. Les deux amis échangent à propos cette fameuse rentrée scolaire ; Fabien est dans les préparatifs d'un gros trek en compagnie

[30] Cours Préparatoire.

de Pierre… leur objectif de fin d'année s'annonce plutôt bien. Sur le chemin de leur cabinet, il en expose les derniers détails à Annie.

Fabien termine son premier rendez-vous en milieu de matinée puis, comme à son habitude, il « reconditionne » son bureau avant d'accueillir la personne suivante. Plusieurs cadres ornent cet espace : sa photo de mariage avec Nathalie et des photos de Maya qui entourent celle d'Emilie. Il prend un cadre sur sa droite au milieu des autres, le regarde des souvenirs plein les yeux et le range dans un tiroir en lui souriant. Puis il se lève tranquillement pour se diriger vers la porte. Avant de l'ouvrir, il marque un bref instant d'arrêt en soufflant, puis quitte le bureau pour la salle d'attente ; un seul patient est assis… le regard vide.

— Monsieur Robin Miera !

Imprimé en Allemagne
Achevé d'imprimer en mars 2024
Dépôt légal : mars 2024

Pour

Le Lys Bleu Éditions
40, rue du Louvre
75001 Paris